Il Metodo Montessori per i Bambini dai 0 ai 6 Anni:

Guida al Metodo Montessori, Volume 2

Rossella Caschetto

Published by Rossella Caschetto, 2024.

IL METODO MONTESSORI PER I BAMBINI DAI 0 AI 6 ANNI:

First edition. August 5, 2024.

ISBN: 979-8224613175

Written by Rossella Caschetto.

Also by Rossella Caschetto

Guida al Metodo Montessori
Guida Allo Svezzamento Basato sul Metodo Montessori
Il Metodo Montessori per i Bambini dai 0 ai 6 Anni:

Standalone
Montessori für Eltern: Von 0 bis 6 Jahren. Mit Spielen und praktischen
Übungen zur Stimulierung - Lernen und Persönlichkeitsentwicklung

Sommario

Metodo Montessori

La guida definitiva per crescere il tuo bambino da 0 a 6 anni.

Contiene numerose attività creative e stimolanti + 90 giochi per la sua crescita.

Guida completa per il genitore.

di Rossella Caschetto

"Ci preoccupiamo di ciò che un bambino diventerà domani, ma ci dimentichiamo che lui è qualcuno oggi."

Stacia Tauscher

Introduzione

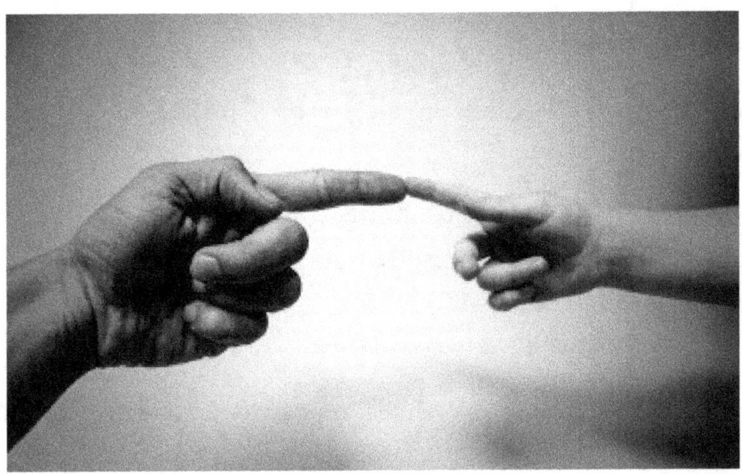

Se avete scelto di adottare il Metodo Montessori, significa che desiderate il meglio per vostro figlio!

Ma, esattamente, che cosa si intende per "meglio"?

Vi ricordate quello spot pubblicitario norvegese (di cattivo gusto) che ironizzava sulle madri italiane e suoi loro figli "bamboccioni"?[1]

Per farvi qualche esempio, nella pubblicità si vede una madre ormai anziana che imbocca il figlio cinquantenne, lo insapona nella vasca da bagno, gli rade la barba e gli rimbocca le coperte dicendo dolcemente: "Finché non troviamo una brava moglie, tu resti con mamma".

Ebbene, perché stupirci od offenderci se il mondo ci dipinge così, come "mamme chiocce"? Il termine è orecchiabile e, all'apparenza, anche affettuoso, non è vero? Peccato che il significato di questa definizione sia una conclamata "sindrome" ovvero, una malattia.

Le mamme chiocce, infatti, perpetuano di generazione in generazione un atteggiamento iperprotettivo nei confronti dei propri figli che è estremamente nocivo e deleterio, in qualunque età, sia essa infantile o adulta.

L'amore non è possessione!

Con questo libro fra le mani, oggi, avrete il potere di spezzare questa pesante catena culturale!

Affidandovi al Metodo educativo Montessori, infatti, saprete sì accudire e proteggere vostro figlio ma, soprattutto, saprete fornirgli i giusti strumenti e le giuste indicazioni affinché lo sviluppo delle sue capacità intellettuali e motorie lo conducano a una vita *autonoma* e *soddisfacente*.

Siate il vento che soffia a favore di vela seppur, così facendo, "allontanerete" vostro figlio da voi. In compenso, però, lo vedrete cavalcare sulle onde del successo fino a raggiungere orizzonti lontani.

Maria Montessori: la fondatrice di un metodo educativo rivoluzionario

Vita e carriera

Prima di approfondire il Metodo Montessori, è doveroso ricordare e, soprattutto, omaggiare la straordinaria donna che fu Maria Tecla Artemisia Montessori: nota non solo come educatrice, neuropsichiatra infantile e pedagogista, ma anche come medico, filosofa e scienziata di fama internazionale.

Essa nacque il 31 agosto 1870 a Chiaravalle, più precisamente in Piazza Mazzini, al civico 10 (attualmente sede di un museo a lei dedicato).

Figlia di Renilde Stoppani, marchigiana, e Alessandro Montessori, emiliano, Maria fu positivamente influenzata sin dalla tenera età da quei genitori istruiti, sensibili e attenti alle nuove correnti politiche.

Nell'inverno del 1873 per motivi di lavoro, la famiglia di Maria Montessori dovette trasferirsi a Firenze, dove rimarrà per circa due anni. Dopodiché, si spostò a Roma, da poco proclamata capitale.

Lì, Maria Montessori, cominciò il suo brillante percorso di studi, talvolta ostacolato da problemi di salute, come una persistente rosolia. La sua passione per le materie scientifiche, soprattutto biologia e matematica, fu subito evidente, ciò sarà fonte di attriti con il padre conservatore. Tuttavia, le sue intenzioni erano inamovibili, perciò Maria si iscrisse alla Facoltà di Medicina, consapevole che il suo inserimento sarebbe stato complicato a causa di un ambiente universitario prettamente maschile e, di conseguenza, ostile al genere femminile (in quel periodo, il sostegno della madre, fu per lei una salvezza emotiva). Basti pensare che Maria Montessori fu obbligata a svolgere le esercitazioni di anatomia di notte, poiché, in quel periodo storico, era oltraggioso che una donna armeggiasse col corpo nudo di un uomo defunto.

Maria Montessori si interessò anche agli studi di igiene sperimentale, giungendo alla conclusione che alcune malattie del tempo (come la tubercolosi e la malaria) erano l'inevitabile conseguenza della povertà e della marginalità sociale dei pazienti.

Fu per lei spiacevole accettare che solo lo Stato avrebbe potuto contrastare il dilagarsi di tali patologie infettive, mentre la scienza medica era inerme.

Essendo una donna poliedrica ed estremamente intelligente, la Montessori si dedicò anche alla pediatria, alla ricerca in laboratorio, a corsi di microscopia, batteriologia e ingegneria sperimentale. Lei viveva per la *scienza* e la *conoscenza*: tant'è vero che nel 1896 le verrà riconosciuta la laurea in medicina (fu la terza donna italiana a ottenerla) con la specializzazione in neuropsichiatria.

Fondamentale per lo sviluppo del suo metodo educativo, fu la nomina di assistente presso la clinica psichiatrica dell'Università di Roma. Tale posizione professionale le permise sia di occuparsi al recupero di bambini affetti da patologie psichiche (in quell'epoca, etichettati come "anormali") sia di allacciare contatti con gli ambienti scientifici di Francia e Regno Unito. Fu a quel punto che Maria Montessori lesse i primi testi scientifici francesi in merito al ritrovamento di ragazzi "selvaggi", allevati da animali, privi di qualsiasi agio e sopravvissuti misteriosamente alle zone più infelici e isolate della Francia.

Dopo anni di studio, Maria Montessori consegnò al congresso pedagogico di Torino i risultati e le considerazioni delle sue prime ricerche scientifiche. Esse riscossero un apprezzamento inaspettato, tanto che le affidarono il ruolo da direttrice della scuola magistrale ortofrenica (branca della psicologia dedita a studiare i soggetti affetti da ritardi mentali, congeniti o acquisiti) di Roma.

All'età di ventisette anni, dunque, una giovane e ambiziosa Maria Montessori ritenne doveroso laurearsi in filosofia, siccome la sua carriera si stava radicando nell'ambito educativo.

A seguito di numerosi riconoscimenti e generose borse di studio, lei decise di investire parte del denaro in una ricerca scientifica con il collega Giuseppe Montesano, con cui nacque un intenso rapporto sentimentale e non solo... Nel 1898, infatti, venne alla luce un figlio, che Maria partorì in segreto per poi affidarlo a una famiglia residente in un piccolo paese limitrofo a Roma.

Solo dopo la morte di sua madre, Renilde Stoppani, Maria poté adottare suo figlio (ormai quattordicenne), raccontandogli che era un nipote (la verità gli fu svelata solo alla lettura del testamento).

La gravidanza segreta, il parto nascosto e l'adozione di suo figlio segnarono per sempre il carattere e la vita di Maria Montessori, ma ciò che più la ferì fu l'apprendere che l'amato compagno fosse destinato al matrimonio con un'altra donna. Inconsolabile per quel lutto d'amore e provata dalla debolezza, Maria cominciò a indossare solo abiti neri.

Nel 1904 ottenne la libera docenza in antropologia, ciò le permise di analizzare sul campo gli asili infantili e, soprattutto, la loro organizzazione educativa. Secondo la sua opinione, c'era ampio margine di miglioramento!

Così, nel 1907, venne fondata la prima "Casa dei bimbi" a Roma, con il sostegno economico di due abbienti baroni che, conoscendo di persona Maria Montessori, crebbero nelle sue idee e la sollecitarono a mettere per iscritto quella che fu la prima edizione del suo illustre Metodo.

Nello stesso anno, inoltre, avviò il primo corso di formazione Montessoriana rivolto alle maestre del piccolo borgo di Città di Castello.

I coniugi baroni, orgogliosi dei risultati, sparsero ancor più la voce fra la classe borghese, fintanto che solleticarono la curiosità della marchesa Romeyne Robert Ranieri di Sorbello, che testò le linee guida del Metodo educativo Montessori sui suoi tre figli. I risultati furono strabilianti, soprattutto considerando le gravi arretratezze culturali dell'infanzia locale. Fu così che nel 1909 la marchesa Romeyne fondò una scuola elementare in Umbria, più precisamente nella frazione di Pischiello, dove volle applicare il Metodo Montessori.

Da quel momento in poi, il Metodo si espanse a macchia d'olio sulla cartina geografica.

Infine, nel 1913, a soli quarantatré anni, Maria Montessori venne acclamata dal "New York Tribune" (quotidiano locale fondato nel 1841) come "The most interesting woman of Europe" (La donna più interessante d'Europa).

Fu così che conquistò anche la fiducia nel Nord America.

Fascismo

Politicamente, Maria Montessori fu spesso criticata.

Le forze di sinistra la accusarono di favoritismi da parte delle sue amicizie altolocate ma, soprattutto, per aver collaborato alla privatizzazione delle scuole dell'infanzia.

Di contro, le forze politiche di destra la additarono per i suoi ideali di uguaglianza (che prevedevano classi scolastiche omogenee, senza distinzioni elitarie), oltre che per la sua propensione alla scienza e alle ricerche in merito.

Nonostante ciò, in un primo momento, Maria Montessori accolse con gioia l'appoggio di Mussolini, siccome entrambi condividevano la preoccupazione per l'analfabetismo giovanile.

Così, nel 1924 si iscrisse al partito fascista.

Nello stesso anno, una pioggia di pesanti accuse colpì Maria Montessori. Essa venne etichettata come "affarista", "camuffatrice" e "abile ammaliatrice", ma ciò che più le danneggiò la reputazione furono le insinuazioni di Giuseppe Lombardo Radice (direttore generale del settore educativo, alle dirette dipendenze del governo fascista), il quale sostenne che la Montessori aveva plagiato il metodo educativo di due sorelle bresciane.

Sebbene Maria Montessori ignorò le critiche e le malelingue sul suo conto, i rapporti con il fascismo si inasprirono di conseguenza.

Nel 1926, dopo un paio di anni trascorsi a perfezionare il suo Metodo, Maria Montessori organizzò il primo corso di formazione nazionale rivolto a tutti gli insegnanti italiani.

Nonostante gli attriti politici, Mussolini volle contribuire all'iniziativa, per la quale stanziò un sussidio di 10.000 lire.

Il percorso formativo durò sei mesi, ebbe luogo a Milano e vi parteciparono oltre 180 maestri, provenienti soprattutto dai comuni limitrofi (per ovvie ragioni logistiche).

Nel 1930 e nel 1931 seguirono i corsi internazionali svolti a Roma e numerose conferenze all'estero, quando improvvisamente, nel 1934 il partito fascista decise di emarginare Maria Montessori e soffocare quel fenomeno in rapida ascesa, ordinando la chiusura tempestiva di tutte le sue scuole (solo due classi perdurarono nonostante l'illegalità).

Maria Montessori fu punita per il suo successo.

Così, con la stessa rapidità con la quale sbocciarono di Paese in Paese le scuole Montessori, esse appassirono. Nel 1934 anche Hitler ne impose la chiusura in Germania.

Fu così che quell'anno infelice, a causa degli insanabili rapporti con il regime fascista, Maria Montessori e il figlio furono costretti a espatriare con non poca sofferenza.

I due rientrarono in Italia nel 1950, quando Maria Montessori espresse il desiderio di visitare i luoghi della sua infanzia. Il figlio la accontentò, accompagnandola a Chiaravalle, dove lei pronunciò queste parole: "Adesso sono contenta. Adesso anche se muoio ho rivisto il mio paese".

Pensiero pedagogico

Il Metodo Montessori affonda le sue origini nello studio e nell'applicazione dei suoi principi su bambini affetti da disturbi psichici, per poi accorgersi che il procedimento educativo dava eccellenti e stimolanti risultati anche se proposti a una platea di infanti cosiddetti "normali", privi di alcuna disabilità.

Il Metodo Montessori, dunque, negli anni si plasmò fino a potersi rivolgere a tutti i bambini, senza alcuna distinzione.

Ma qual è il pensiero di Maria Montessori sui bambini? Insomma, perché dedicò loro tante attenzioni, sacrifici e la maggior parte dei suoi studi?

La risposta è semplice: lei riteneva che i bambini fossero "esseri completi, liberi e capaci di sviluppare energie creative". Un pensiero atipico e decisamente all'avanguardia per quell'epoca...

Da questa citazione, è d'obbligo estrapolare il **principio fondamentale del Metodo Montessori**: la *libertà dell'allievo* (perciò, del bambino). Essa favorisce la creatività innata dell'infante e, con i giusti strumenti educativi, ne conseguirà la disciplina.

Per Maria Montessori la disciplina è scaturita dal "lavoro libero"; essa si sviluppa quando il bambino nutre un interesse autentico e viscerale per qualcosa, ossia quando si dedica a un "lavoro/progetto" assecondando il proprio istinto ed estraniandosi da fonti di distrazioni e/o stimoli esterni.

Si può quindi dire che la disciplina è capace di proiettare il bambino in uno stato di concentrazione profonda e autentica.

Il compito dell'insegnate Montessoriano, dunque, sarà quello di esercitare e sviluppare il mantenimento di questo stadio di concentrazione attraverso l'**educazione al movimento**. Mi soffermo sul termine "movimento", siccome è un passaggio cruciale del Metodo: la stessa Maria Montessori, infatti, spiegò come **la personalità del bambino si formi con la coesione bilanciata delle facoltà motorie e delle facoltà psichiche.**

È proprio quando il bambino impara ad assecondare l'attività psichica con il movimento del corpo che saprà gestire la propria volontà. Solo a quel punto potremo parlare di *disciplina*.

Ecco, dunque, perché le "Case dei bimbi" sono ambienti costruiti su misura per i più piccoli, studiati per offrire strumenti e giochi divertenti realizzati con materiali idonei che garantiscono la sicurezza e, al contempo, l'autonomia di utilizzo.

In questi spazi, il bambino potrà soddisfare appieno il proprio istinto mentre l'insegnante lo guiderà verso la disciplina attraverso le "lezioni di silenzio" (attività previste dal Metodo Montessori). In quest'ultime, l'allievo sarà sottoposto a diversi stimoli sensoriali (sonori, visivi e tattili), sottoforma di esercizi metodici che, col tempo e la pratica, svilupperà nell'infante il senso di obbedienza, volontà e disciplina.

Secondo Maria Montessori, i genitori pretendono la disciplina e l'obbedienza innescando meccanismi nocivi e controproducenti.

"Fai come faccio io!"

"Ti ho detto di stare fermo!"

"Smetti di fare i capricci!"

Impartendo questi severi ordini, il genitore trascura la volontà del proprio bambino. L'adulto dovrebbe invece chiedersi: "Come può mio figlio *scegliere* di obbedirmi quando non ha ancora sviluppato la volontà?"

Un individuo si può definire "disciplinato" quando raggiunge la piena capacità di autoregolarsi da solo. L'infanzia è invece una fase della crescita contraddistinta da una creatività incontenibile: la mente di ogni bambino cattura e assorbe le informazioni del mondo che lo circonda e le rielabora, sviluppando opinioni, carattere e idee per mezzo di esse. Questo processo è *involontario, spontaneo*: al bambino non è richiesto alcuno sforzo cognitivo.

Maria Montessori stravolse il metodo educativo di quel secolo. Nessuno, prima di lei, si preoccupò di trattare i bambini come suoi pari, di rispettarli e dare peso ai loro desideri come a quelli di un adulto e, soprattutto, di incoraggiarli a decisioni autonome.

Lo sviluppo del pensiero pedagogico montessoriano intrecciò, per la prima volta nella storia, la *scienza* con l'*educazione*, perciò venne ribattezzata come "pedagogia scientifica". Questo connubio portò a una visione obiettiva dell'oggetto in esame che non fu più il bambino in sé, ma piuttosto la sua spontaneità e il rapporto/reazione con gli stimoli esterni.

Maria Montessori, inoltre, giudicò inopportuno persino l'ambiente scolastico tradizionale siccome era pensato a misura di adulto, ciò non permetteva al bambino di sfogare la sua spontaneità e, anzi, lo faceva sentire inadeguato.

Nebule

Maria Montessori definì il bambino come "un embrione spirituale" nel quale lo sviluppo delle capacità mentali si unisce allo sviluppo biologico. Con questo concetto volle evidenziare che, alla nascita, il neonato non possiede nulla di già preformato. Al contrario, ci sono delle "nebule" (oggi le chiameremmo "potenzialità, o mappe bio-neutrali, che richiedono bisogni specifici, di natura evolutiva e antropologica, che l'ambiente circostante deve soddisfare"), le quali hanno la capacità di svilupparsi spontaneamente grazie all'ambiente.

Le nebule, dunque, sono *periodi sensitivi*, ovvero fasi specifiche della crescita nelle quali si allena l'attività nervosa superiore.

Tutto ciò è possibile grazie alla "mente assorbente" (come la definì Maria Montessori) del bambino che, durante i suoi primi anni di vita, gli permette di assimilare inconsciamente preziose informazioni sull'ambiente che lo circonda.

Per ottenere un esito ottimale, tutto ciò dovrebbe completarsi durante i periodi che Maria Montessori chiamò "sensitivi" (a riguardo, approfondiremo nel capitolo dedicato alle attività creative, divise per fasce di età).

Educazione cosmica

Un pilastro sacro del Metodo Montessori è l'educazione cosmica che si basa sul concetto del "piano cosmico", ovvero l'idea che ogni forma di vita:

1. Occupa un preciso posto nell'universo;
2. Ha uno scopo terreno che esula dalla mera sopravvivenza;
3. È interconnessa agli altri esseri viventi.

Il piano cosmico invita alla collaborazione fra tutti gli esseri animati e inanimati.

La visione idilliaca di Maria Montessori in merito allo scopo ultimo di ogni individuo è il raggiungimento della "Supernatura", ovvero la costruzione di qualcosa che oltrepassa la natura stessa.

Con il suo operato, l'essere umano dà vita a un processo creativo attraverso il quale plasma la materia, occupa l'ambiente che lo ospita e altera la natura. Dalle sue scoperte, invenzioni e conquiste, l'uomo ha il potere di cambiare il mondo e la sua intera popolazione, sia nel bene sia nel male. Pertanto, va educato alla collaborazione, al senso di responsabilità, all'unione armonica con l'universo, poiché ognuno di noi deve adempire al compito cosmico.

Possiamo quindi dire che l'educazione cosmica accoglie e professa i principi di ecologia, di pace, di libertà, di solidarietà, di autonomia e di fratellanza. L'obiettivo finale è accompagnare il bambino fra le braccia amorevoli della Vita, fintanto che ne scorga la bellezza e si senta parte dell'universo.

Questo concetto educativo influenza sensibilmente le materie scolastiche proposte nelle scuole montessoriane.

Educazione musicale

Un altro importante pilastro su cui si regge il Metodo è la musica.

Maria Montessori, infatti, fu solita a definirla come "uno strumento che supporta e potenzia la concentrazione, capace anche di agevolare il raggiungimento dell'armonia interiore e dell'equilibrio psichico dell'infante".

Ecco perché, secondo il Metodo Montessori, l'educazione musicale gioca un ruolo indispensabile per l'essere umano, soprattutto durante lo sviluppo del bambino.

Nei suoi studi, Maria Montessori fece notare i benefici che donano sia l'ascolto musicale sia la pratica. Essi coinvolgono le sfere psichiche, neurologiche e cognitive, favorendo la sensibilità del timpano e accrescendo le capacità di concentrazione.

Per di più, siccome la musica è una cara "amica" del movimento, il suo ascolto e/o la sua pratica, permette rapidi progressi nelle abilità ritmiche e di coordinazione. Basti pensare al battito delle mani, allo schiocco delle dita o ai passi di danza più elementari.

Per questi motivi, Maria Montessori decise di introdurre nelle Case dei bambini degli strumenti che avrebbero facilitato le esercitazioni pratico-sensoriali della "scrittura" musicale. La maggior parte di questi, vengono utilizzati tutt'ora.

Di seguito, alcuni esempi:

1. I **campanelli**: serie di campane di colori diversi, ognuna con un suono specifico, dal più grave al più acuto. L'obiettivo è distinguere correttamente le altezze del suono, oltre ad associare le note ai colori delle campane.
2. Le **scatole dei rumori**: due scatole aventi all'interno sei cilindri di legno. In una scatola i cilindri sono di colore rosso e, agitandoli, produrranno rumori differenti fra loro. Nell'altra, invece, i cilindri sono di colore blu e, scuotendoli, emetteranno rumori simili fra loro. L'obiettivo di questo strumento è sì distinguere la discrepanza sonora

fra le due scatole ma, soprattutto, allenare il movimento del polso e la rotazione della mano.

3. La **voce**: colei che, fin dai primi vagiti, è lo strumento musicale per eccellenza. Colei che permette di comunicare efficacemente col resto dell'umanità.

4. **Strumenti ritmici**: ad esempio legnetti, maracas o tamburi. L'obiettivo è riuscire a distinguere e classificare attraverso l'alleanza sensoriale di vista e udito, i singoli strumenti musicali.

Pertanto, secondo le linee guida tracciate da Maria Montessori, ogni scuola dovrebbe avere un angolo musicale, ovvero un luogo o una stanza, nel quale i piccoli allievi possano connettersi con le vibrazioni della musica, beneficiando dello sviluppo creativo, psicomotorio e linguistico (grazie all'ausilio di canti e simpatiche filastrocche).

I benefici della musica sui neonati

Sono numerosi gli studi che attestano l'acuta sensibilità dei neonati ai rumori esterni (per questo motivo è assolutamente sconsigliato sottoporre l'udito del proprio bambino a un'acustica troppo elevata, come eventi chiassosi, musica alta e via dicendo).

Olfatto e udito giocano quindi un ruolo di primaria importanza per il bebè, poiché rappresentano i due sensi più sviluppati, perlomeno durante la prima fase della sua vita. Essi consentono al neonato sia di restare in contatto con il mondo esterno sia di captare molte preziose informazioni.

Tuttavia, questa specifica sensibilità ai rumori esterni coinvolge in particolar modo la sfera musicale che, se riprodotta correttamente, riesce ad apportare un effetto estremamente benefico sui neonati. Basti pensare che molti dottori consigliano di farla ascoltare prima ancora della nascita, dalla pancia della madre.

Infatti, grazie alle vibrazioni della musica, il piccolo riuscirà a sentirsi al sicuro, rilassarsi e godere di sensazioni fortemente gratificanti e positive. "Caso" vuole che i neonati siano molto attratti dalla musica, per cui non sarà difficile assecondare questa propensione naturale.

E se vi dicessi che alcune ricerche scientifiche hanno dimostrato che esiste una correlazione fra la qualità degli stimoli musicali a cui siamo stati sottoposti da neonati e la nostra stessa intelligenza?

Non ci credete, vero? Allora permettetemi di precisare che la musica ha il potere di sviluppare precocemente il sistema nervoso dei neonati che la ascoltano.

Per far beneficiare il bebè degli effetti positivi della musica bastano circa 10 minuti di ascolto ogni giorno. Tuttavia, sarebbe un errore supporre che qualunque brano sia adatto allo scopo. Infatti, è opportuno riprodurre solo melodie calme e rilassanti, in grado di rasserenare il neonato (ecco perché la musica viene spesso impiegata quando il bebè è nervoso, agitato, oppure quando non riesce ad addormentarsi).

Viene da sé che, seppur non ci sia un momento specifico della giornata in cui far sentire la musica a un neonato, durante la sera essa può essere una valida alleata dei genitori, già provati della sfiancate giornata lavorativa.

Avete presente i sottofondi musicali nei ristoranti di lusso? Una melodia che ti avvolge piano, lentamente... una donna che pizzica dolcemente le corde di un'arpa o di un violino, un pianista che accarezza i tasti di un pianoforte... ecco, la musica dovrà essere percepita in questo modo dal bambino: accogliente, tiepida e a basso volume. Altrimenti, anziché sortire un effetto benefico e calmante, otterrete l'esatto opposto (per non parlare del problema più grave, ovvero che offenderete e comprometterete la salute dei timpani e dell'intero apparato uditivo di vostro figlio)!

Dunque, la migliore musica da far ascoltare a un bebè, fin dalla sua nascita, è senza dubbio quella di impronta classica: Bach, Mozart, Vivaldi e Beethoven sono i compositori più quotati. Tuttavia, sono adatte allo scopo anche le riproduzioni dei suoni della natura: l'acqua di un fiume che scorre, l'ululato del vento fra le fronde degli alberi, il frinire dei grilli o il cinguettare degli uccelli... Infatti, non a caso, molti di questi suoni naturali sono stati introdotti in diversi giocattoli per neonati.

Oltre a far tranquillizzare il neonato e fargli sviluppare il sistema nervoso, la musica possiede anche altre importanti funzionalità, ovvero: sviluppa i movimenti del bebè e lo fa divertire.

In questo senso, la musica più indicata è quella jazz e popolare. Col tempo, grazie al suo ascolto, il neonato allenerà la coordinazione del movimento, sperimenterà diverse tipologie di brani e timbri musicali e comincerà a plasmare quelle che diventeranno le sue preferenze in materia.

Sonagli montessoriani

I sonagli sono forse i primi strumenti musicali con cui un neonato entra in contatto. Per "tradizione", infatti, essi vengono spesso regalati ai neogenitori, i quali li presentano al bebè già in tenera età.

Secondo il Metodo Montessori, quelli che all'apparenza sono semplici sonagli, in realtà, rappresentano un tangibile strumento di sviluppo per il bambino: scopriamo perché.

I sonagli montessoriani donano al neonato la possibilità di svolgere varie attività utili allo sviluppo dei suoi sensi e, di conseguenza, alla sua stessa crescita. Nello specifico, essi permettono di sviluppare:

- La coordinazione del movimento (ciò avviene scuotendo il sonaglio con le mani);
- L'udito (percependo i suoni dei campanelli);
- La manipolazione (agitando il sonaglio, il neonato eserciterà il movimento del polso e la pressione delle dita);
- La comprensione e l'intelletto (presto il bambino capirà sia da dove proviene il tintinnio dei sonagli sia che, intensificando o diminuendo la forza del movimento, modificherà l'intensità del suono emesso);
- La conoscenza della musica.

Affinché il bambino possa apprendere e sviluppare inconsciamente tutte queste abilità è però consigliato presentare i sonagli montessoriani a tempo debito, ovvero non prima dei 4 mesi di età. Diversamente, come farà un bebè a guidare la mano sotto il peso dei sonagli? Oppure, a stringerlo fra le dita e agitarlo? O, ancora, come potrebbe scrutarlo da vicino se, da appena nato, non ha ancora sviluppato completamente la vista?

Giocare con i sonagli montessoriani richiede una buona capacità prensile e una benché minima padronanza della coordinazione mano-occhio, altrimenti il loro scopo educativo viene totalmente vanificato.

Dunque, concludo l'argomento illustrandovi un metodo economico, veloce e fai-da-te per realizzare i sonagli montessoriani, qualora non lo riceveste in regalo (chissà, le tradizioni potrebbero cambiare: meglio essere preparati a ogni evenienza!).

Per costruire questi strumenti musicali vi serviranno solo due, semplici, elementi:

1. Dei barattoli o delle bottiglie di plastica vuote (muniti di appositi coperchi e tappi);
2. I materiali da versare al loro interno (ad esempio, i cereali, i chicchi di riso, il sale, una manciata di sabbia, dei sassi, eccetera).

Più varianti si faranno, più stimolante sarà per il neonato. Poiché, i materiali che metterete all'interno dei contenitori, determineranno il suono che emetterà il sonaglio montessoriano. Ciò darà la possibilità al bambino di scoprire e sperimentare suoni differenti.

Che la musica abbia inizio!

Scrittura e analfabetismo

Maria Montessori prese molto a cuore il fenomeno dilagante dell'analfabetismo mondiale.

L'incapacità di leggere e scrivere equivaleva a emarginarsi e, soprattutto, precludeva numerose possibilità di relazione sociale.

Secondo Maria Montessori "la parola deve diventare permanente, deve solidificarsi sugli oggetti, in modo che concetti e pensieri possano susseguirsi di generazione in generazione, di Paese in Paese."

La parola parlata non è dunque sufficiente e va arricchita di un'altra forma di espressione: la scrittura.

Ecco perché la Montessori s'impegnerà affinché, nelle Case dei bambini, venga padroneggiato l'alfabeto sin dalla tenera età (col tempo, scelse poi di estendere l'insegnamento sulla lettura e sulla scrittura anche agli adulti).

Nella prima fase del Metodo Montessori è essenziale che l'allievo abitui l'orecchio ai suoni del proprio linguaggio, fintanto da saperli abbinare alle relative lettere dell'alfabeto.

La vista vedrà i segni grafici mentre l'udito ne percepirà il suono. Questo doppio stimolo, combinato a esercizi costanti e tecniche mirate, aiuterà sia il bambino sia l'adulto analfabeta a raggiungere la consapevolezza che scrivere e leggere può essere divertente! È come un gioco con infinite combinazioni di segni grafici.

Istituti Montessori nel mondo

Nonostante gli ostacoli imposti dal partito fascista e dopo alcuni anni di arresto, il Metodo esplose con più forza di prima. Le scuole riaprirono, si moltiplicarono, fintanto che attualmente si stimano circa 65.000 istituti Montessori (fra nidi, materne, elementari, medie e superiori) nel mondo (in circa 145 Paesi).

Di seguito, ecco come sono distribuiti:

- **Stati Uniti**: prima in classifica, ne vanta oltre 4.500;
- **Germania**: 1.100;
- **Regno Unito**: 800;
- **Irlanda**: 375;
- **Paesi Bassi**: 220 (pari a un terzo delle scuole pubbliche);
- **India**: 200;
- **Svezia**: 163;
- **Giappone**: 150;
- **Italia**: ironicamente, al nono posto in classifica, con soli 138 istituti Montessoriani;
- **Nuova Zelanda**: 65;

- **Canada**: 63;
- **Francia**: 52;
- **Argentina**: 31;
- **Romania**: 21;
- **Svizzera**: 19;
- **Ucraina**: 5;
- **Malta**: 1.

Sebbene non sia stato possibile inserire alcuni Paesi nell'elenco, data l'irreperibilità di dati specifici, è comunque opportuno precisare che gli istituti Montessori si trovano anche sui territori del Brasile, in Australia, Cina, Costa Rica, Cile, Nigeria, Ecuador, Egitto, Filippine, Messico, Pakistan, Vietnam, Sudafrica, Tanzania e sulle Isole Figi.

Quindi com'è possibile che il nostro Paese, patria della fondatrice del Metodo e, pertanto, motivo di orgoglio italiano, registri un dato così esiguo di istituti Montessori?

La verità, come spesso accade, è che siamo un popolo irriconoscente, sospettoso e abituato, per comodità, a calcare schemi imposti dal passato. Ogni novità ci spaventa.

Mussolini stesso, appena notò il successo che Maria Montessori stava riscuotendo all'estero, tentò di manipolarla e strumentalizzarla affinché smettesse di collaborare con i Paesi stranieri. Invece di brindare a suo nome, supportare l'espansione e omaggiarla per aver impreziosito l'Italia col suo rivoluzionario Metodo d'insegnamento, lui tentò di confinarla... fin quando, sostenuto dagli altri membri del partito fascista, sabotò e impoverì intellettualmente il nostro Paese, acconsentendo alla chiusura temporanea della Case dei bambini: un'eccellente opportunità di educazione e formazione contro la lotta all'analfabetismo italiano.

Diverso fu all'estero, dove al Metodo Montessori fu data assoluta fiducia, tant'è vero che oggi si contano centinaia di capi di Stato, persone influenti e imprenditori figli dell'educazione montessoriana.

Ricapitolando, attualmente l'Italia conta 138 istituti Montessori (uno ogni 440.000 abitanti: decisamente sconcertante!), così suddivisi:

- 68% materne (anche note come Case dei bambini);
- 19% elementari;
- 13% nidi;
- Pressoché nulle la quantità di medie e superiori.

Fatta eccezione per la Valle d'Aosta e il Molise, ogni regione italiana ha almeno una scuola Montessori sul territorio, sebbene la concentrazione maggiore sia presente nelle Marche e in Umbria.

Metodo Montessori

In cosa consiste, esattamente, il modello educativo Montessori?

Riassumiamo i due concetti fondamentali: il primo, è che i bambini si impegnino a modellare il proprio carattere sulla base di un'intensa interazione con l'ambiente che lo circonda, scegliendo autonomamente cos'è "meglio per loro"; il secondo, è che i genitori contribuiscano a sviluppare le capacità psico-motorie dell'infante nell'età compresa fra 0-6 anni.

Anche la cooperazione svolge un ruolo importante, per questo motivo, gli istituti Montessori sono caratterizzati da classi aperte o, quantomeno, comunicanti fra loro. Questo aspetto permette una costante interazione fra bambini di diversa età: incoraggiando lo scambio di conoscenze, attenzioni e affetto.

La collaborazione fra bambini della prima elementare, ad esempio, con bambini di quarta elementare, rende possibile un confronto più "alla pari" rispetto a quello che avviene fra un adulto e un bambino, ma ciò non toglie che sia formativo. Il bambino più grande, anzi, rappresenta per il più piccolo un modello da emulare che, osservandolo, imparerà velocemente le regole da rispettare e il comportamento da adottare all'interno dell'ambiente scolastico.

Tendenze umane

Nel lontano 1957, Maria Montessori identificò delle peculiarità universali e intrinseche in ogni bambino, di natura bio-antropo-evolutive. Le quali, etichettò come "tendenze umane": ovvero, una sorta di comportamento-guida a seconda delle fasi di sviluppo.

Maria Montessori stilò un preciso elenco di queste caratteristiche innate, vediamolo insieme:

- Istinto di conservazione;
- Ordine;
- Orientamento nell'ambiente;

- Esplorazione;
- Comunicazione;
- Manipolazione dell'ambiente;
- Lavoro (inteso come "attività intenzionale");
- Auto-perfezionamento;
- Esattezza;
- Astrazione;
- Ripetizione;
- Ambiente preparatorio;
- "Mente Matematica".

Ambiente per lo sviluppo cognitivo

Il Metodo sostiene che i bambini devono svolgere attività libere e istintive all'interno di un "ambiente preparato e consono", ovvero un ambiente che assecondi le specifiche esigenze delle diverse fasi di sviluppo, oltre che essere su misura per le caratteristiche fisiche dell'infante.

L'ambiente circostante condizionerà notevolmente l'esperienza di crescita del bambino, pertanto, il Metodo Montessori suggerisce esplicitamente quali caratteristiche deve rispettare:

- Materiali adeguati alla fascia di età e, soprattutto, sicuri;
- Bellezza e armonia;
- Ordine;
- Pulizia dell'ambiente;
- Arredo proporzionato alle caratteristiche fisiche del bambino;
- Spazi ampi e sgombri che facilitino i movimenti e le attività ludiche.

Materiali per lo sviluppo cognitivo

La scelta del materiale deve avvenire in modo spontaneo: nel Metodo Montessori ogni bambino deve essere guidato dalla propria spontaneità e dal reale interesse, senza "contaminazioni" esterne. Solo così potrà sviluppare capacità auto educative e di autocontrollo.

Maria Montessori, in anni di studi approfonditi, sceglie di suddividere le tipologie di materiali idonei all'educazione motoria e sensoriale del bambino nelle seguenti categorie:

- **Materiale analitico**: si focalizza su una precisa caratteristica dell'oggetto (ad esempio, la forma, il peso, l'odore, il colore, la densità, le dimensioni, e via dicendo). Lo scopo di questa categoria è di far acutizzare al bambino la percezione di ogni singolo senso (tatto, vista, olfatto, gusto e udito), isolandolo.
- **Materiale autocorrettivo**: educa il bambino alla valutazione oggettiva del proprio lavoro, permettendogli di riconoscere e correggere i propri errori. Il tutto, senza alcun intervento né suggerimento dell'educatore.
- **Materiale attraente**: comprende oggetti di facile utilizzo e manipolazione, ideati per divertire e, al contempo, stimolare il bambino durante le attività di gioco-lavoro con essi.

Vita pratica

Le attività di **vita pratica**, ispirate ai gesti della nostra quotidianità e alla nostra cultura, rappresentano un punto focale della pedagogia Montessori.

Ogni gioco-lavoro proposto dal Metodo tiene in considerazione i bisogni, le capacità motorie e il corpo minuto dei bambini, fintanto che ognuno di essi si adatti a loro e mai viceversa.

Le attività di vita pratica si risolvono con gesti semplici che negli anni diventano "meccanici" (preparare un caffè con la moka, abbottonare una camicia, piegare il bucato, e via dicendo), tuttavia, nella prima fase della vita, permettono di sviluppare l'autonomia, il coordinamento e la concentrazione. Non meno importante, queste azioni quotidiane offrono al bambino la possibilità di aggraziare i movimenti e pianificarli in maniera ordinata e consapevole.

Imparare a coordinare i gesti, significa prendere coscienza del proprio corpo e dei propri spazi e, per raggiungere tale scopo, è richiesta costanza e ripetizione.

L'ideatrice del Metodo Montessori, sostenne che il movimento era di primaria importanza per il completo sviluppo cognitivo dei più piccoli, tant'è vero che definì questi gesti come "umani", poiché guidati dalla volontà genuina del bambino, senza filtri né remore.

Livelli di sviluppo

A seguito dei suoi studi, Maria Montessori identificò quattro "livelli", o periodi, nello sviluppo umano. Ovvero:

1. Nascita – 6 anni;
2. 6 – 12 anni;
3. 12 – 18 anni;
4. 18 – 24 anni.

All'interno di questi quattro blocchi, Maria Montessori riconobbe le diverse modalità di apprendimento e i differenti imperativi di sviluppo attivo. Pertanto, ritenne necessario abbinare approcci educativi idonei a ogni fase di sviluppo (nido, materna, elementari, medie e superiori).

Durante il **primo livello** (nascita – 6 anni), Maria Montessori constatò il rapido sviluppo psico-fisico del bambino. Il quale è paragonabile a un "esploratore sensoriale": ovvero, un allievo indaffarato a scoprire il mondo e ad affinare i cinque sensi, oltre alla cultura e alla lingua.

In questa prima fase, la protagonista assoluta è la "mente assorbente" del bambino. Ciò significa, ve lo ricordo, che la sua intelligenza lavora inconsciamente, senza alcuno sforzo, assimilando ogni informazione che lo circonda.

Dai 3 ai 6 anni, con l'approccio all'educazione prescolare, alla mente assorbente si lega la "mente cosciente": ovvero, il bambino acquisisce la capacità di organizzare secondo una sua logica i contenuti mentali che riceve dal mondo esterno.

In questo periodo esistenziale, Maria Montessori evidenziò degli intervalli temporali nei quali il bambino è soggetto a un'acuta sensibilità agli stimoli. Tali intervalli, sono meglio noti come "periodi sensibili" e, secondo il Metodo, è cruciale che l'ambiente scolastico soddisfi le esigenze di queste fasi, assicurandosi inoltre di predisporre le giuste attività.

Nello specifico, ecco i periodi sensibili individuati dalla nota pedagogista:

- Acquisizione del linguaggio (nascita – 6 anni circa);
- Ordine (1 – 3 anni circa);
- Raffinatezza sensoriale (nascita – 4 anni circa);
- Curiosità per piccoli oggetti (18 mesi – 3 anni circa);
- Comportamento sociale (2 anni e mezzo – 4 anni circa).

Durante il primo livello (nascita – 6 anni), si plasmano le basi della personalità del bambino.

Procediamo dunque con il **secondo livello** (6 – 12 anni) di sviluppo. In questa fase, Maria Montessori riconobbe molteplici cambiamenti fisici, oltre che neuro-pedagogici e relazionali.

Nel dettaglio, sul piano fisico avviene la caduta dei denti da latte, l'allungamento del torace e delle gambe e un successivo periodo di crescita corporea omogenea.

Sul piano relazionale, invece, Maria Montessori notò che i bambini di questa età tendono a riunirsi in gruppo per socializzare e lavorare.

Infine, sul piano neuro-pedagogico, si sviluppa l'uso della fantasia e della ragione.

Durante il secondo livello (6 – 12 anni), si plasmano le basi del senso morale, dell'indipendenza intellettuale e dell'organizzazione sociale.

Nel **terzo livello** (12 – 18 anni), il bambino si imbatte nel tortuoso periodo dell'adolescenza. Pertanto, questa fase della crescita è considerata la più "esplosiva", sia per le trasformazioni fisiche dettate dalla pubertà sia per l'atteggiamento altalenante.

Durante il terzo livello, infatti, il bambino (ormai divenuto ragazzo) sviluppa uno spiccato "senso di giustizia e di dignità personale", oltre a essere soggetto a notevoli difficoltà di concentrazione e repentini cambiamenti di umore e idee (spesso contrastanti fra loro).

Durante il terzo livello (12 – 18 anni), si plasmano le basi del sé adulto nella società.

Sul **quarto** e ultimo **livello** (18 – 24 anni), Maria Montessori si espresse relativamente poco, tant'è vero che non sviluppò neppure un programma educativo idoneo a questo periodo. Tuttavia, dai pochi testi che si sono raccolti in merito, si evince che lei considerasse i ragazzi di questa età come "giovani adulti" forgiati dall'applicazione del suo Metodo e, pertanto, pronti ad abbracciare pienamente la collettività.

Inoltre, Maria Montessori, sostenne che esercitare una professione, per quanto umile ed elementare, in questa fase di crescita, fosse fondamentale per gettare le basi della responsabilità, oltre che dell'indipendenza e della gestione economica.

Punti focali della scuola Montessori

In sintesi, ecco i cinque punti caratterizzanti di una scuola montessoriana e del loro conseguente impatto educativo sul bambino/allievo (nel rispetto di quanto codificato dall'Associazione Montessori Internazionale e dalla Società Americana Montessori - AMS):

1. **Classi di età mista per fasce di età** (nascita – 3 anni; 3 – 6 anni; 6 – 12 anni; 12 – 18 anni; 18 – 24 anni): con lo scopo di stimolare la cooperazione e la socializzazione fra pari;
2. **Completa autonomia del proprio percorso educativo**: con lo scopo di supportare e favorire l'indipendenza del bambino, egli dovrà essere lasciato libero di scegliere quali attività svolgere e quanto tempo dedicare a ciascuna di esse (all'interno di un ventaglio di proposte programmate dall'insegnante);
3. **Sessioni di lavoro didattico medio-lunghe e senza interruzioni** (all'incirca tre ore): con lo scopo di incoraggiare il mantenimento della concentrazione;

4. **Organizzazione personalizzata degli spazi di gioco-lavoro**: con lo scopo di sviluppare l'autocorrezione e un sano spirito autocritico;

5. **Utilizzo del materiale didattico sviluppato e perfezionato da Maria Montessori**: con lo scopo di incentivare la scoperta e l'apprendimento dei singoli sensi (olfatto, udito, vista, tatto e gusto).

Principi fondamentali del Metodo Montessori

Risale al lontano 1909 la tesi illuminante di Maria Montessori "Il metodo della pedagogia scientifica applicato all'educazione infantile nelle Case dei Bambini" che rivoluzionò la prospettiva dalla quale si guardava sia l'istruzione tradizionale del secondo sia il bambino stesso. Per la prima volta, infatti, esso fu posto al centro dell'attenzione e lasciato agire nel rispetto dei suoi istinti più naturali, con la consapevolezza che solo in questo modo lui potrà rivelare se stesso e costruire il suo carattere e la sua indipendenza.

Da questo concetto è possibile estrapolare i dieci principi fondamentali del Metodo Montessori:

1. **Educare il bambino all'indipendenza.** È compito di genitori e insegnanti spiegare ai più piccoli come poter ottenere le proprie conquiste da soli. Bisogna insegnare loro ad abbottonare i pantaloni, non bisogna vestirli! Bisogna insegnare loro a mangiare, non bisogna imboccarli! Bisogna insegnare loro a strofinarsi il bagnoschiuma sul corpo e a risciacquarsi, non bisogna lavarli!

Educare un bambino non significa fare le cose al suo posto né risolvergli tutti i problemi, ma dargli gli strumenti necessari affinché superi autonomamente gli ostacoli e le incertezze.

Per quanto sia spiacevole, è bene rammentare che i genitori non sono eterni...

1. **Mai impedire a un bambino di fare qualcosa perché "troppo piccolo".** È logico che i genitori svolgano più accuratamente e velocemente un compito elementare rispetto a un bambino ma,

laddove è possibile e sicuro (ad esempio, sistemare i giocattoli, apparecchiare il tavolo, stendere o piegare il bucato, acconciarsi i capelli, e via dicendo) è necessario dare fiducia e lasciare che possa impratichirsi. Altrimenti, come farà a imparare e migliorarsi se non gliene viene data l'occasione?

I bambini sono più appagati quando, messi alla prova, danno il massimo e raggiungono un obiettivo: ciò li fa sentire utili e capaci.

1. **Allenare il bambino alla precisione per accrescere l'armonia del suo corpo.** Istintivamente, ogni bambino è incline a svolgere alcune mansioni con precisione maniacale, anche per questo motivo, lasciarlo libero di agire sarà la scelta più saggia per individuare le sue preferenze. Tuttavia, è caldamente consigliato dal Metodo Montessori, di orientare il bambino verso la disciplina e la scrupolosità.

A questo proposito, l'ideale è insegnare al bambino di apparecchiare il tavolo, servire le pietanze nei piatti, mangiare composto, lavare le stoviglie sporche, riordinarle pulite negli appositi reparti, e via dicendo.

Sono i gesti quotidiani e ripetuti nel tempo a dare i risultati migliori.

1. **Ambire a essere un educatore montessoriano significa somigliare a un angelo custode che veglia sul bambino/allievo ma non interviene quasi mai**: fatta eccezione per situazioni potenzialmente pericolose per la salute del bambino, il genitore o l'insegnante dovrà rispettare i tempi di apprendimento del bambino, compresi gli errori da lui commessi durante l'esecuzione di un compito o di un'attività. L'obiettivo è sì guidarli al miglioramento, ma diverso è prevaricare, farlo sentire in difetto o incompetente o, peggio, spazientirsi e revocargli il compito a lui affidatogli (qui sconfiniamo nel punto n.2: dare fiducia e lasciarlo sbagliare!)
2. **Mai obbligare un bambino a fare qualcosa**: non ne trarrete nulla di buono né di costruttivo. La libertà è sacra, specie per i più piccoli che

vivono d'istinto, di curiosità e spensieratezza. Affidatevi alla sincerità dei bambini che, senza filtri, vi diranno o vi faranno capire quando vogliono essere ascoltati, quando desiderano essere guardati, quando necessitano di riposarsi e, addirittura, quando preferiscono osservare altri coetanei giocare.

Ricordate che la loro mente è assorbente e apprendono più di quanto ci è dato sapere. Noi, come angeli custodi, dobbiamo "solo" assecondare ciò che li attrae per natura e nutrire la sicurezza in loro stessi.

1. **Educare al contatto con la natura.** In un mondo sempre più frenetico e meno connesso alle vibrazioni purificatrici della Terra, dei suoi mari, delle sue montagne e dei suoi ruscelli, insegnare a un bambino la sacralità della vita che scorre nella natura è un dovere civico e morale!

Portate i vostri figli a passeggiare nel bosco e anziché prenderlo in braccio, lasciatelo correre fra gli alberi, permettetegli di respirare l'odore di resina e corteccia, indicategli gli uccelli accovacciati sui rami e adattate il vostro passo alla sua andatura, di modo che non tralasci alcuna meraviglia.

Il sentimento verso la natura, tramandato di generazione in generazione è forse l'unica ancora di salvezza per quest'epoca moderna ingorda di cemento e business.

1. **Rispetto e previdenza attraverso la cura di piante e animali domestici.** Che sia un seme, un germoglio, un gatto, un'iguana o un albero, ai bambini va trasmetto fin da piccoli l'amore per tutti gli esseri viventi, soprattutto quelli più indifesi.

Inoltre, innaffiare le piante, raccoglierne i frutti e/o accudire un animale domestico, nutrirlo, spazzolarlo, e via dicendo, contribuisce a responsabilizzare il bambino.

1. **Riconoscere i talenti ed evitare giudizi.** Sia gli insegnanti

montessoriani sia i genitori sono chiamati a consolidare e arricchire le qualità intrinseche del bambino, siano esse caratteriali o abilità specifiche (come lo sport, la musica, la danza e via dicendo), di modo da allontanarlo dai difetti o dalle attività in cui è carente per natura.

Ci si deve concentrare sui talenti del bambino: vietato parlare male di lui in sua presenza o assenza! Vietato sminuire le sue capacità solo perché, ad esempio, lo vorremmo con abilità o interessi diversi, magari più simili ai nostri.

Lui è lui, voi siete voi: non dimenticatevelo mai.

1. **Arredamento su misura di bambino.** Sia la camera da letto sia l'ambiente scolastico dovrà rispettare i canoni indicati da Maria Montessori, che su questo argomento ha speso molte parole.

L'obiettivo di tale accorgimento è quello di creare degli spazi familiari e scolastici in cui il bambino non si debba mai sentir inadeguato, spaesato e limitato. Al contrario, ogni mobile o strumento dovrà essere intenzionalmente collocato affinché soddisfi le esigenze del più piccolo e ne stimoli lo sviluppo cognitivo.

(Nel prossimo capitolo approfondiremo il tema dell'arredamento).

1. **Assecondare la curiosità del bambino, senza mai tarpargli le ali.** A mano a mano che il neonato crescerà, aumenterà la sua "sete di conoscenza". Durante la fase di sviluppo, i bambini porranno numerose domande: alcune scomode, altre divertenti e altre ancora rimarranno senza risposta... Il ruolo degli adulti prevede anche di spiegare loro i segreti, le gioie, le curiosità e le stranezze che si celano in un mondo a cui loro si stanno affacciando timidamente.

Ricorda che i bambini sono entusiasti di ogni piccola scoperta: non disilluderli, anzi, incoraggia questa predisposizione.

Validazione scientifica

Il Metodo Montessori è stato oggetto di innumerevoli studi e approfondimenti scientifici. Chiunque si chiese: "Potrà davvero funzionare? È affidabile?" D'altronde si sa: il risultato dell'educazione che impartiamo ai nostri figli si vede solo dopo molti anni, quando ormai diventa difficile intervenire. Perciò un metodo nuovo, così rivoluzionario nei concetti, destò non poca diffidenza.

Fu nel 1978 che il Dipartimento all'Educazione del governo USA ne riconobbe gli straordinari risultati sui bambini affetti da ritardi mentali. Da quel momento in poi, si promossero generosi finanziamenti per aprire degli istituti Montessori sul territorio americano.

Nel 2006, inoltre, un gruppo di ricerca dell'Università della Virginia, diretto da Angeline Lillard, pubblicò sull'autorevole rivista "Science" i risultati di uno studio che comparava le abilità sociali, fisiche e cognitive, di bambini di cinque anni e di dodici anni, alcuni frequentavano le scuole Montessori altri gli istituti tradizionali. Lo studio evidenziò come l'educazione Montessori facesse eccellere i suoi allievi fra gli altri bambini.

Arredo Montessori
Cameretta montessoriana

Avete un bebè in arrivo ma non sapete come predisporre la cameretta affinché sia idonea alle linee guida del Metodo?

La vostra premura fa di voi degli ottimi genitori: infatti, organizzare adeguatamente gli spazi in cui crescerà il bambino è un momento cruciale!

L'obiettivo è creare un ambiente stimolante, sicuro e armonioso, che soddisfi la curiosità del bambino e lo connetta al piacere edificante dell'indipendenza.

Più facile a dirsi che a farsi? Assolutamente no! Maria Montessori curò ogni dettaglio del suo Metodo, perciò ecco la lista di caratteristiche per allestire fedelmente una cameretta montessoriana:

- **Colori neutri, caldi e chiari per le pareti.** L'ambiente dovrà proiettare sul bambino un'atmosfera calma, rilassante e tranquilla. I colori delle pareti influiscono molto sullo stato d'animo delle persone, per cui, è consigliato optare per tinte neutre (beige, grigi o bianchi, che trasmettono un senso di serenità), calde (gialle, arancioni o rosse, che creano una sensazione di accoglienza e intimità). Tuttavia, nel caso sceglieste un colore caldo non esagerate con il pigmento, ma schiaritelo il più possibile, di modo che non risulti troppo acceso.
- **Poco rumore.** Ove possibile, scegliere di allestire la cameretta del bambino nella stanza più isolata della casa, raggiunta da meno rumori esterni possibili.

Il rumore ha infatti delle spiacevoli conseguenze dirette per la salute, come lo stress, la spossatezza, l'irritabilità e l'ansia. Insomma, meglio non far familiarizzare il piccolo con queste emozioni.

- **Soleggiata.** Se la situazione lo permette, concedete al bambino la camera più soleggiata, poiché un ambiente luminoso garantisce il buonumore, la produzione di vitamina D e risulta automaticamente più armonioso e spazioso.

- **Solo l'essenziale.** Ogni genitore vorrebbe sommergere il proprio figlio di giocattoli e pupazzi in cambio di quel sorriso ingenuo e grato che fa sussultare il cuore di gioia, tuttavia, i principi montessoriani suggeriscono di lasciare pochi oggetti nella stanza del piccolo, di modo da limitare le distrazioni e aumentare la concentrazione mentre verranno svolte le attività formative.
- **Ordine.** L'obiettivo è di creare uno spazio facile da riordinare e su misura di bambino. In questo modo, lui potrà esplorare ciò che lo circonda con autonomia e spontaneità.

Passare del tempo in una stanza ordinata, inoltre, riduce il nervosismo, le preoccupazioni e facilita il riposo.

- **Giochi e oggetti buffi.** Scegliete giocattoli colorati e attraenti, di modo che il bambino sia stimolato e, al contempo, divertito durante le attività ludiche.
- **Suddivisione degli spazi.** Dividere visivamente l'ambiente (punto della nanna, punto delle attività, punto in cui cambiarsi: questi i principali spazi di una cameretta montessoriana) lascerà un'impronta di precisione, organizzazione e indipendenza più rapida e marcata sul bambino.

Inoltre, suddividere queste "zone" faciliterà la distinzione dei vari momenti della giornata e permetterà di comprendere che ci sono luoghi appositi per specifiche attività, siano esse di riposo, svago, pulizia, gioco, cambio del vestiario, eccetera.

Spazio della nanna

Nelle prime settimane di vita, il neonato non è capace a scandire il normale ritmo veglia-sonno, rapportandolo al giorno e alla notte. Per scongiurare interminabili notti insonni, potrete abituare il bambino a dormire con una luce accesa durante il giorno e a tenere la stanza al buio quando è calata la sera.

Dalla nascita fino ai tre mesi di vita, inoltre, genitori e bebè potranno beneficiare del "topponcino montessoriano", un piccolo materassino dalla forma ovale studiato appositamente per:

- Tutelare la pelle delicata del neonato dal contatto diretto con la culla;
- Proteggere i movimenti bruschi del capo, che potrebbero danneggiare la fontanella;
- Garantire la giusta postura al neonato;
- Donare una temperatura costante al bambino;
- Sostenere il corpo fragile del bebè durante l'allattamento;
- Dare sicurezza a chi desidera prendere in braccio il neonato, siccome offre un supporto maggiore.

Quando il bambino sarà sufficientemente autonomo nei movimenti, è consigliato aggiungere all'arredo della cameretta un letto montessoriano, affinché si crei un corretto e sano rapporto col momento della nanna.

Spazio dove cambiarsi

In questa zona, il bambino assocerà i momenti di igiene al cambio pannolino e/o di vestiario che per logica suggeriscono una routine giornaliera (ad esempio, tutina all'inizio della giornata, bavaglino quando si mangia, pigiamino quando ci si prepara a dormire, e via dicendo).

Maria Montessori invita i genitori ad arredare questo spazio con un fasciatoio munito di cassettiera, affinché la si riempia con tutto l'occorrente necessario e si eviti di lasciare incustodito il bebè ad un'altezza pericolosa qualora ci accorgessimo di aver dimenticato qualcosa in un'altra stanza della casa.

Quando il bebè comincerà a gattonare, abbiate cura di chiudere l'ultimo cassetto con gli appositi ganci di sicurezza (acquistabili facilmente on-line o presso i punti vendita dedicati), così non ci si infilerà dentro.

Infine, con il passare del tempo, l'ideale è inserire una cassettiera non troppo alta, di modo che il bambino potrà servirsene comodamente e sperimentare il cambio di vestiario con creatività, ordine e autonomia.

Spazio delle attività

Questa zona diventerà ben presto la preferita del bambino! Il che non è difficile da immaginare, siccome sarà la più divertente, varia e stimolante della cameretta.

Unire l'utile al dilettevole, ecco cosa consente l'educazione montessoriana: mentre il bambino gioca e intrattiene la sua curiosità, sviluppa inconsciamente le proprie capacità cognitive, sensoriali e motorie.

Identificare questo spazio consentirà al bambino di sfogare al suo interno i consueti momenti di veglia, come correre, lanciare oggetti, muoversi, giocare, e così via.

A sua volta, ricavare dentro questo spazio ulteriori "sottocategorie" specifiche di giochi e attività (ad esempio, l'angolo delle bambole, l'angolo dei libri, eccetera), accrescerà la capacità di schematizzazione e classificazione del bambino.

Durante i primi mesi di vita del bebè, sarà saggio collocare:

- Un tappetto morbido e comodo sul quale il bambino potrà appoggiarsi per svolgere alcune attività;
- Un sostegno adeguato su cui appendere le giostre Montessori (ad esempio, la giostra di Gobbi, dei Ballerini, di Munari e degli Ottaedri);
- Mobili bassi, su misura di bambino, dove poter riporre i giochi e gli altri materiali di sviluppo (ad esempio, il cestino dei tesori);
- Uno specchio.

A mano a mano che il bambino crescerà, adatteremo la cameretta ai suoi bisogni, nonché gusti personali e attitudini.

Ripetiamolo insieme come un mantra: "Il bambino è al centro."

Lui, e solo lui, è l'unico protagonista della sua crescita.

Tenda Teepee

Forse è solo una moda passeggera o, magari, c'è un motivo più profondo per il quale troviamo spesso una tenda di forma conica (ispirata al modello nella quale si riparavano i nativi americani nelle Grande Pianure del nord degli Stati Uniti) nelle camerette dei bambini.

Può una tenda Teepee rispettare i principi educativi montessoriani? Dunque, può essere introdotta in una cameretta arredata secondo le linee guida di Maria Montessori e del suo Metodo?

Facciamo qualche valutazione e scopriamolo!

Innanzitutto, analizziamo il termine "Teepee", esso deriva dall'inglese ma, nella lingua Lakota (una tribù di nativi americani), indica la parola "Thípi":

- Thí = voce del verbo "abitare";
- ṗi = suffisso che indica il plurale del soggetto legato al verbo, ovvero, in questo caso, "essi abitano".

C'è però una peculiarità nella lingua Lakota: i verbi possono essere utilizzati anche come sostantivi, perciò "Thípi" significa "Abitazione".

La tenda Teepee, infatti, era per il popolo dei nativi americani quella che noi definiamo comunemente "casa": un luogo sicuro, riparato nel quale possiamo riposarci e riunirci ai nostri affetti più cari.

Alla luce di ciò, a che scopo è utile una tenda Teepee nella cameretta del bambino, siccome lui è già protetto da una casa di mattoni e cemento?

Proprio come i nativi americani, i bambini avrebbero la possibilità di:

- Rifugiarsi e isolarsi in un luogo più raccolto e intimo, quasi "segreto";
- Nascondersi per divertimento o per sentirsi protetti;
- Dare sfogo alla fantasia e divertirsi;

Che sia chiaro: la tenda Teepee non è prevista nell'arredo montessoriano, tuttavia, si presta in maniera impeccabile per svolgere al suo interno alcune attività e alcuni giochi in linea con il Metodo.

Vi faccio qualche rapido esempio:

- Lo spazio al suo interno, così circoscritto e ben definito, ha la capacità di rassicurare il bambino, che sarà quindi più predisposto al mantenimento della concentrazione (condizione mentale estremamente utile per lo sviluppo di molte capacità);
- Sempre al suo interno, avendo l'impressione di "non essere visto" il bambino darà sfogo alla sua fantasia e creatività: potrà inventare storie, sfogliare libri, osservare illustrazioni, disegnare, ballare o usare materiali montessoriani a sua discrezione.

Per questi motivi, inserire una tenda Teepee nella cameretta di un bambino può essere una splendida idea che abbraccia i principi basilari dell'arredo suggerito dal Metodo Montessori.

In aggiunta, la maggior parte di queste tende sono intuitive da montare, smontare e, di conseguenza, anche da trasportare. Questa caratteristica le rende perfette alleate della natura e degli spazi aperti che, come sappiamo, è uno dei principi fondamentali del Metodo. Il bambino potrà quindi divertirsi anche in giardino, ad esempio, consolidando giorno dopo giorno il suo legame con l'ambiente circostante, pulsante di vita, ossigeno, colori, profumi, stimoli e meraviglia!

Sebbene non esista un'età precisa per collocare una tenda Teepee nella cameretta, vi consiglio di aspettare finché il vostro bambino non sia sufficientemente autonomo nei movimenti (indicativamente, ciò accade dopo circa 12 mesi). In questo modo, potrà godersi appieno l'esperienza in tutta sicurezza.

A ciò mi collego per farvi una piccola raccomandazione: qualora vegliaste sulle attività ludiche del piccolo, dentro e fuori dalla tenda, rimane sempre fermo il principio Montessori che descrive l'adulto come "un angelo che sorveglia, ma non interviene mai", a meno che non sia strettamente necessario. Infine, ricordate di non costringere il bambino a giocare nella tenda Teepee se non fosse di suo gradimento... forse deve solo prendere confidenza con la nuova "compagna di stanza".

La vostra unica preoccupazione come genitori è quella di rendere felice vostro figlio, poiché questo sentimento è il miglior compagno di viaggio auspicabile per il suo percorso di sviluppo e di crescita personale!

In conclusione, vi segnalo due modi per procurarsi una tenda Teepee:

1. **Comprarla** è indubbiamente la scelta più ovvia e semplice, in commercio (sia on-line sia nei rivenditori fisici) se ne trovano a bizzeffe, di diverse forme, dimensioni, colori e prezzo.

Sicuramente troverete la tenda che meglio si addice al budget, allo stile dell'arredo e alle dimensioni della cameretta.

1. **Progettarla** col fai-da-te è, invece, un'opzione più complessa ma che garantisce una maggiore soddisfazione personale (anche il bambino ne sarà più riconoscente e, più passerà il tempo, più l'oggetto acquisirà un inestimabile valore sentimentale).

Se siete pratici, dunque, non indugiate oltre e preparate gli attrezzi! Potrete personalizzarla sotto ogni aspetto, vi basterà un pizzico di ingegno, una buona manualità e un video-tutorial su YouTube (avrete l'imbarazzo della scelta).

Buon divertimento!

Tuttavia, qualora non siate amanti delle tende di forma conica, non preoccupatevi: potrete ripiegare su un castello da principessa, piuttosto che una tenda con forme rettangolari e stampe sul tessuto di rivestimento ispirate ai motivi mimetici, piuttosto che a una stazione aerospaziale, e via dicendo. In commercio ce n'è per tutti i gusti.

Torretta Montessori: 3 in 1

Anche conosciuta come "learning tower" (tradotto: torre dell'apprendimento), la torretta montessoriana è un accessorio molto utile che occupa poco spazio in casa. Esso è stato pensato, studiato, progettato e costruito appositamente per il bambino e il suo sviluppo.

La torretta Montessori è, di fatto, una bassa scala di legno che consente ai più piccoli di stare in piedi, elevati dal pavimento (le protezioni perimetrali garantiscono l'assoluta sicurezza, scongiurando possibili cadute) facendogli raggiungere piani di lavoro più alti (su misura per gli adulti). Perciò, grazie a questo strumento montessoriano, il bambino sarà in grado di compiere diverse faccende in autonomia, come quelle di routine: lavarsi le mani, i denti, sciacquare le stoviglie sporche, e via dicendo; oppure i gesti di vita pratica, ad esempio: impastare il pane, modellare la pasta di sale, prepararsi la merenda, eccetera. Sono numerose le attività che il bambino potrà svolgere qualora avesse accesso a un'altezza diversa nei vari ambienti della casa, fosse solo per curiosare mentre siamo ai fornelli o mentre sminuzziamo le verdure. Anche in quei casi, il bambino sta imparando e assimilando le informazioni.

La torretta Montessori è versatile, in quanto è possibile utilizzarla come un normale **sgabello** (anche così, il bambino non rischia rovinose cadute a terra, poiché vi è una barra che segue il perimetro della struttura saldata all'altezza della schiena/torace). Ovviamente, le attività citate prima, è possibile eseguirle anche nella versione sgabello.

Infine, il prodotto può essere adoperato anche come **tavolino e sedia** (la torretta Montessori è infatti stata progettata per "spezzarsi" in due parti, da verticale a orizzontale, ricavandone un comodo e ampio tavolino con sedia). Questa ulteriore versione permette al bambino di disegnare, appoggiare e utilizzare i vari strumenti di gioco-lavoro montessoriani, apparecchiare e sparecchiare durante gli spuntini e/o i pasti quotidiani, eccetera.

Insomma, la torretta Montessori è un accessorio che vi consiglio di recuperare, in quanto possiede le caratteristiche più apprezzate dai genitori: versatile, utile, maneggevole e poco ingombrante!

Un vero affare 3 in 1.

Specchio Montessori

Questo semplice oggetto di uso comune, presente in qualunque casa, dovrà arredare obbligatoriamente anche la cameretta del vostro bambino.

"Perché?" Vi chiederete.

Semplice! Gli adulti utilizzano lo specchio solo per soddisfare un bisogno estetico (spesso, anche per compiacere l'ego) come sistemare i capelli, truccarsi occhi e viso, spalmarsi la crema, radersi la barba, eliminare sopracciglia ribelli, vestirsi, abbinare accessori e gioielli, eccetera. Pertanto, gli specchi sono principalmente appesi alle pareti del bagno e nelle camere da letto.

Diverso è per i bambini, il cui utilizzo dello specchio significa molto di più! Esso, infatti, rappresenta un accessorio indispensabile per la crescita dei più piccoli.

Lo specchio Montessori aiuta il bambino a prendere confidenza e conoscenza di sé.

Basti pensare che i neonati non hanno alcuna consapevolezza del proprio corpo, la matureranno con il tempo, attraverso lo sviluppo e l'esplorazione dei cinque sensi.

Ecco quale scopo educativo offre un semplice specchio, attraverso gli occhi curiosi e inesperti di un bambino:

- Osservare il proprio corpo lo aiuta ad apprendere le sue caratteristiche fisiche, fino a quel momento sconosciute;
- Guardarsi allo specchio gli facilita la comprensione e l'esercitazione dei movimenti.

Lo specchio potrà essere introdotto nella cameretta montessoriana a partire dai 6 mesi di vita del neonato. Infatti, proprio fra i 6 e i 18 mesi di età, i bambini inizieranno a distinguere la figura proiettata sulla superficie riflettente e, da lì a poco, acquisiranno la consapevolezza che quella figura allo specchio è proprio la loro immagine, il loro *Io*.

Con lo sviluppo, lo specchio si trasformerà in un "gioco di imitazione" degli adulti. Per esempio, sarà facile imbattersi in una bambina che si trucca, o si acconcia i capelli, emulando i gesti della madre; e allo stesso modo, sarà altrettanto facile, vedere un bambino che finge di radersi o applicarsi il gel per capelli come vede fare dal padre.

L'efficacia dello specchio durante i primi anni di età del bambino è talmente comprovata, secondo il Metodo, che all'interno di qualunque classe facente parte degli istituti Montessori se ne trova almeno uno appeso in qualche parete/zona specifica dell'aula. Talvolta, sono appoggiati su dei tavolini per poter essere adoperati in diversi giochi e attività.

Nella cameretta del bambino, potrete disporre orizzontalmente uno specchio, possibilmente rettangolare e lungo, accanto al tappeto per svolgere le attività di gioco-lavoro o vicino alla culla. In quest'ultimo caso, il neonato potrà tentare i suoi primi approcci di "esercizi muscolari" quando si troverà in posizione prona: sforzandosi di scorgere il suo riflesso (per pura curiosità), infatti, muoverà gambe e braccia e alzerà la testa.

Successivamente, quando sarà capace di gattonare, s'intratterrà a lungo con lo specchio, divertendosi con la propria immagine.

Solo quando il bambino sarà sufficientemente grande, ruotate lo specchio in posizione verticale, di modo che possa osservare il suo riflesso per intero, dalla testa ai piedi.

Attenzione! Assicurarsi di fissare lo specchio a un'altezza sicura e prediligere un vetro infrangibile e anti-scheggiatura.

Mobili Montessori

A questo punto dovreste averlo capito: il principio basilare dell'arredo montessoriano è il concetto di "accessorio sicuro e su misura di bambino".

Per lo scopo finale è determinante che, il bambino stesso, abbia la possibilità di afferrare e raggiungere a suo piacimento i giochi e i materiali che più gli interessano per praticare le attività sensoriali. Solo così potrà isolarsi e accedere a uno stato mentale di reale concentrazione e interesse.

Ripetiamo insieme: "Lasciare libero il bambino di essere 'chiamato' dall'oggetto, e viceversa".

Per consentire al bambino di agire con indipendenza nella sua cameretta è indispensabile arredare la stanza con mobili, scaffali e/o librerie basse. Così facendo, sia i materiali sia i giochi, potranno essere esposti a vista e a portata del bambino.

A questo punto, il Metodo Montessori invita i genitori a rinnovare e aggiornare i materiali per lo sviluppo cognitivo in base all'età del bambino e alle capacità che acquisisce nel tempo. Com'è logico, con l'avanzare degli anni, i giochi si ammasseranno fra gli scaffali; quindi, sarà buona abitudine, "snellire" le opzioni per evitare di creargli confusione durante la sua scelta o distrazione nella fase di apprendimento.

Ricordatevi che vige sempre il buonsenso, l'ordine e l'essenzialità.

Per organizzarvi al meglio, potreste suddividere gli scaffali per "area sensoriale", ovvero: primo ripiano i materiali che sviluppano il senso del tatto, secondo ripiano i giochi che rafforzano il senso dell'udito, e via di seguito.

Lasciate in vista fino a un massimo di tre oggetti per gruppo e, qualora ne aveste di più, esponeteli a rotazione sugli scaffali. Eseguite questa operazione soprattutto quando noterete che vostro figlio ha acquisito una buona manualità con un tipo di materiale/giocattolo, o quando magari appare annoiato delle solite proposte. È proprio allora che il bambino dovrà ricevere nuovi stimoli, affinché il suo sviluppo cognitivo non subisca una battuta di arresto!

Mantenete sempre vivo e ardente l'interesse del bambino, poiché quella fiamma è la chiave del suo successo.

Come per gli altri accessori citati, potrete recuperare gli scaffali e/o le librerie in stile Montessori presso numerosi siti on-line o nei negozi di arredamento.

Qualora voleste acquistare dei mobili certificati "Montessori" vi anticipo che il costo sarà piuttosto salato... il design è incantevole e il materiale è di alta gamma, ma la sua utilità può essere facilmente rapportata ai mobili più economici dell'IKEA, ad esempio.

ATTIVITÀ MONTESSORI PER BAMBINI DA 0 A 6 ANNI

Da 0 a 3 mesi

Premessa importante! Le attività che vi proporrò di seguito devono essere proposte e commisurate al livello di sviluppo del bambino. Come potrete notare, darò indicazioni precise sulla fascia d'età (0 – 3 mesi; 3 – 6 mesi, a seguire fino ai 6 anni), tuttavia, ogni bambino è a sé e apprende con i suoi tempi: c'è chi tarda a muovere i primi passi, chi comincia a parlare precocemente, eccetera. Non esiste un "tardi" e un "presto", i bambini sviluppano le loro capacità cognitive e motorie esattamente quando sono *pronti* per farlo! Pertanto, osservate i progressi di vostro figlio e adattate le attività in base al suo livello.

Se pensate che un neonato pianga solo per essere allattato o per stanchezza, vi devo far ricredere!

Infatti, sin dalla nascita, il bebè deve essere intrattenuto poiché, oltre a divertirsi e godere dei sorrisi dei genitori, i giochi sono utili al suo sviluppo cognitivo e motorio.

Il neonato, in questa primissima fase della vita, svilupperà le abilità visive, in quanto fino ai tre mesi riescono a mettere a fuoco un'immagine o un volto solo se lo guardano con la coda dell'occhio (trattasi di "visione periferica"), con lo scorrere delle settimane, rafforzeranno poi la "visione centrale", fintanto che, dopo i tre mesi circa, riusciranno a seguire un oggetto in movimento con lo sguardo.

Fin dalle prime settimane di vita, inoltre, il neonato saprà distinguere la voce della madre, del padre e/o delle persone più vicine a lui.

Fra un cambio di pannolino e una poppata, vi suggerisco di svolgere queste attività:

1. **Segui l'oggetto.** Adagiate il neonato sulla schiena, in posizione supina, poi muovete da destra a sinistra, o viceversa, un oggetto piccolo e colorato. Posizionatevi frontalmente e abbastanza vicino affinché il bebè possa mettere a fuoco l'oggetto. Qualora lui si

distragga (cosa molto probabile!), sfioratelo con delicatezza, oppure pronunciate dolcemente il suo nome (anche un suono va bene) per richiamare a voi la sua attenzione, dopodiché ricominciate a muovere l'oggetto.

2. **Fare le facce buffe.** Nella stessa posizione di prima, quindi lui supino e voi frontali, date sfogo all'allegria e "trasformate" il viso in un palcoscenico di espressioni facciali. Riproducetene il più possibile: linguacce, sorrisi, pernacchie... tutto sarà utile a intrattenere la curiosità del bebè che, nel frattempo, imparerà a familiarizzare con le espressioni non verbali.

3. **Giostra Gobbi.** Vi ricordate che ve ne ho fatto cenno nel capitolo dell'arredo Montessori? Ebbene, questa giostra, che porta il nome della sua inventrice Gianna Gobbi, è un gioco facile da costruire col fai-da-te, utile per stimolare la percezione dei colori e della profondità.

Per costruirla non dovrete fare altro che procurarvi un sostegno orizzontale (come un bastone o una canna di bambù), annodare 5 fili ad altezze diverse (dai 10 ai 30 centimetri. Andrà bene lo spago, piuttosto che il filo per il cucito o quello trasparente da pesca, e via dicendo) alle cui estremità dovranno pendere 5 sfere (l'equivalente di una per filo) ricoperte da un tessuto o comunque un rivestimento uniforme dello stesso colore ma con sfumature diverse.

Dopodiché, fissatela sulla culla, in alto.

Per semplificare la spiegazione, vi allego un esempio.

1. **Vola Vola.** Assicuratevi di avere una presa salda sul corpicino del neonato, dopodiché, fatelo oscillare su e giù, poi a destra e a sinistra e ricominciate da capo. Se vi sentite a vostro agio, aggiungete anche degli effetti sonori e dei simpatici versetti per rendere l'esperienza ancora più divertente e stimolante.

Il vostro bambino sarà emozionato di osservare nuove prospettive.

Nota bene: Queste attività vanno proposte come giochi e saranno utili solo se il bambino si divertirà a farle! Mai imporle.

Di seguito, ecco alcuni suggerimenti per presentare al meglio i giochi:

- Interrompete l'attività non appena il bambino si mostra poco interessato o invogliato;
- Come vi ho già spiegato, ogni bambino cresce secondo i propri tempi; perciò, qualche attività all'interno del libro potrebbe risultare "prematura" o, al contrario, sarà doveroso posticiparle a seconda delle capacità cognitive e motorie di vostro figlio. Sappiate dunque aumentare e diminuire la difficoltà del gioco-lavoro, affinché il bambino non si annoi per la troppa semplicità e assenza di stimoli né alimenti un sentimento di frustrazione e rabbia qualora gli risulti troppo complicato.
- Scegliete le attività più adatte al carattere di vostro figlio.

Avvertenze sulla sicurezza!

A prescindere da qualunque attività vogliate eseguire, è per me fondamentale raccomandarvi di tenere lontano dalla portata dei bambini giocattoli e oggetti:

- Con parti appuntite e/o taglienti;
- Fragili (ad esempio, di vetro, di ceramica, eccetera);
- Eccessivamente rumorosi o di piccole dimensioni;
- Elettrici;
- Muniti di cordini troppo lunghi che, involontariamente, il bambino potrebbe girarsi al collo.

<u>In nessun caso, lasciare un bambino di questa età incustodito.</u>

Da 3 a 6 mesi

Dopo circa tre mesi di vita, il cervello del neonato è capace di captare centinaia di parole del linguaggio parlato, pertanto sarà utile intrattenerlo così:

1. **Massaggio e filastrocca.** Cercate di ritagliarvi qualche minuto di pace con vostro figlio, magari dopo averlo rilassato col bagnetto. A quel punto, adagiate il piccolo sopra una coperta, possibilmente in un ambiente accogliente e caldo, poi iniziate a massaggiargli teneramente le braccia, le gambe, la pancia, i piedi e le mani. Nel frattempo, perché non intonate una canzoncina o magari una filastrocca per bambini?

A vostro figlio non interesserà se siete stonati, lui trarrà rassicurazione dalla vostra voce e dalla vostra presenza!

1. **Allenare i muscoli.** Ricordate lo specchio Montessori? Ottimo, perché ci servirà come strumento per svolgere questa attività.

Quando il bebè è sì sveglio ma anche calmo, adagiatelo in posizione prona (quindi steso sulla pancia) e posizionate lo specchio di fronte a lui, di modo che possa incuriosirsi vedendo... se stesso! Imitare grossolanamente i movimenti che vedrà riflessi allo specchio gli permetterà di rafforzare i muscoli della schiena e del collo.

Accompagnate questa esperienza incoraggiandolo a parole e sorrisi: siate fieri dei suoi sforzi e, non appena scorgete sul suo viso disinteresse e/o stanchezza, riponete lo specchio e adagiate di nuovo il neonato in posizione supina. (Attenzione! È assolutamente sconsigliato che i neonati dormano a pancia sotto).

1. **Scatenarsi a ritmo di musica.** Avviate la riproduzione di qualche brano musicale di vostro gradimento (non esagerate col volume), poi prendete in braccio il bebè e, sempre assicurandovi di avere la presa salda sul suo corpicino, ballate seguendo il ritmo della musica (evitate gli scossoni!).

In questo modo, il bambino saprà associarc la musica al movimento e, stando pelle contro pelle, il vostro legame si intensificherà.

Nota bene: Queste attività vanno proposte come giochi e saranno utili solo se il bambino si divertirà a farle! Mai imporle.

Di seguito, ecco alcuni suggerimenti per presentare al meglio i giochi:

- Interrompete l'attività non appena il bambino si mostra poco interessato o invogliato;
- Come vi ho già spiegato, ogni bambino cresce secondo i propri tempi; perciò, qualche attività all'interno del libro potrebbe risultare "prematura" o, al contrario, sarà doveroso posticiparle a seconda delle capacità cognitive e motorie di vostro figlio. Sappiate dunque aumentare e diminuire la difficoltà del gioco-lavoro, affinché il bambino non si annoi per la troppa semplicità e assenza di stimoli né alimenti un sentimento di frustrazione e rabbia qualora gli risulti troppo complicato.
- Scegliete le attività più adatte al carattere di vostro figlio.

Avvertenze sulla sicurezza!

A prescindere da qualunque attività vogliate eseguire, è per me fondamentale raccomandarvi di tenere lontano dalla portata dei bambini giocattoli e oggetti:

- Con parti appuntite e/o taglienti;
- Fragili (ad esempio, di vetro, di ceramica, eccetera);
- Eccessivamente rumorosi o di piccole dimensioni;
- Elettrici;
- Muniti di cordini troppo lunghi che, involontariamente, il bambino potrebbe girarsi al collo.

<u>In nessun caso, lasciare un bambino di questa età incustodito.</u>

Da 6 a 9 mesi

Questi tre mesi sono molto importanti per il neonato, che imparerà a: rimanere seduto, si sforzerà di alzarsi (grazie al sostegno di oggetti e/o persone), coordinare il movimento delle dita della mano, afferrare oggetti e tenere il biberon. Inoltre, in questa fascia d'età, il neonato potrà cominciare ad associare le parole al loro significato.

A seguire, tre giochi idonei a questo livello di sviluppo:

1. **Afferra il giocattolo.** Adagiate il neonato su un tappeto ampio e morbido e disponete nelle sue immediate vicinanze diversi oggetti e/o giocattoli (mi raccomando: che siano sicuri e leggeri!), ad esempio dei peluche o delle palle morbide. Non siate voi a sporgerglieli, ma lasciate che sia il bambino ad andarli a recuperare.

Questo esercizio è perfetto per stimolarlo al movimento.

1. **Il bambino nella scatola.** E se invece di adagiare vostro figlio su un comodo e morbido tappeto, lo metteste in una... scatola? Sì, avete capito bene! Recuperate una scatola di cartone che abbia i bordi bassi (quelle da stivali sarebbero l'ideale!) e fate accomodare il bambino al suo interno. Dopodiché, disseminate giochi e vari oggetti tutt'intorno: lo scopo dell'attività è il medesimo di prima ma si aggiungerà una difficoltà in più, ovvero: uscire dalla scatola.
2. **"Bubù Sèttete".** Chi non conosce questo gioco? È semplice e buffo, ma forse non tutti sapete che, attraverso questo gesto, il neonato imparerà che la madre e il padre (o chi lo accudisce) non spariscono dalla sua vita se anche scompaiono per un breve periodo.

Per svolgere questa attività in presenza di un neonato non è necessario nascondersi fisicamente, sarà sufficiente coprirsi il viso con le mani o con un fazzoletto, per poi "riapparire magicamente" esclamando con energia: "Bubù sèttete!"

Nel ripetere questo gioco, il bambino imparerà quindi a gestire l'ansia da separazione: sentimento che matura proprio in questa fase di crescita.

Nota bene: Queste attività vanno proposte come giochi e saranno utili solo se il bambino si divertirà a farle! Mai imporle.

Di seguito, ecco alcuni suggerimenti per presentare al meglio i giochi:

- Interrompete l'attività non appena il bambino si mostra poco interessato o invogliato;
- Come vi ho già spiegato, ogni bambino cresce secondo i propri tempi; perciò, qualche attività all'interno del libro potrebbe risultare "prematura" o, al contrario, sarà doveroso posticiparle a seconda delle capacità cognitive e motorie di vostro figlio. Sappiate dunque aumentare e diminuire la difficoltà del gioco-lavoro, affinché il bambino non si annoi per la troppa semplicità e assenza di stimoli né alimenti un sentimento di frustrazione e rabbia qualora gli risulti troppo complicato.
- Scegliete le attività più adatte al carattere di vostro figlio.

Avvertenze sulla sicurezza!

A prescindere da qualunque attività vogliate eseguire, è per me fondamentale raccomandarvi di tenere lontano dalla portata dei bambini giocattoli e oggetti:

- Con parti appuntite e/o taglienti;
- Fragili (ad esempio, di vetro, di ceramica, eccetera);
- Eccessivamente rumorosi o di piccole dimensioni;
- Elettrici;
- Muniti di cordini troppo lunghi che, involontariamente, il bambino potrebbe girarsi al collo.

In nessun caso, lasciare un bambino di questa età incustodito.

Da 9 a 12 mesi

In questi tre mesi, diventa difficile insistere col termine "neonato", riferendosi al bambino, in quanto ormai esso saprà interpretare gesti, parole, espressioni facciali; saprà gestire meglio le sue emozioni; e avrà memoria di eventi passati. Inoltre, per quanto concerne ai progressi fisici e motori, sarà perlopiù in grado di sedersi e mettersi in posizione eretta senza alcuna necessità di appoggio né aiuto, e riuscirà a gattonare agevolmente.

Inoltre, fra gli 8 e i 10 mesi, comincerà a rispondere a ordini generici come salutare con la mano o "mandare" un bacio.

Vediamo insieme quali giochi si prestano maggiormente a bambini di questa età:

1. **"Cos'è questo?"** Per invogliare vostro figlio a rispondere a semplici domande, approfittate del bagnetto, del cambio pannolino o del cambio d'abito per toccargli vari punti del corpo, nominandoli con ordine, a uno a uno (naso, bocca, pancia, orecchio, piede, mano, fronte, e via dicendo) per poi pronunciare: "Cos'è questo?"

Ripetete quest'azione per almeno un paio di volte. Scandite bene le parole e lasciate che il bambino assorba le informazioni che sta ricevendo. Dopodiché, provate a chiedergli di toccarsi la testa o il naso: vedrete che emozione!

1. **Batteria da cucina.** A questa età, ogni oggetto può intrattenere e divertire il bambino, specie se non l'ha mai avuto fra le mani. Sotto la vostra attenta supervisione, perché non lasciare che esplori la consistenza, le forme e i colori di un cucchiaio di legno, una pentola, una padella, un coperchio, una molletta, eccetera?

Certo, potrebbe provocare un bel po' di rumore, ma la pazienza sarà ripagata dal suo entusiasmo.

1. **Le costruzioni.** È giunto il tempo di edificare! Da questo periodo in poi, potrete proporre al bambino i primi blocchi semplici (ad esempio in morbida gomma o di stoffa). Probabilmente, all'inizio preferirà sbatterli a terra ripetutamente, stringerli fra le mani, portarli alla bocca per "assaggiarli" e/o lanciarli lontano, tuttavia, l'istinto gli suggerirà di accostarli uno vicino all'altro e di fare delle costruzioni. Da allora, non potrà più farne a meno!

2. **Pannello multisensoriale.** Volete tenere impegnato a lungo vostro figlio? Allora vi consiglio di incollare su un pannello sufficientemente ampio (magari di legno o di compensato) vari oggetti che, per forma, colore, profumi e materiale, possano stimolare e attrarre tutti i sensi del bambino.

Sfogate la vostra fantasia e riesumate quegli oggetti che da troppi anni vivono in angoli bui della casa con l'unico scopo di raccogliere della polvere...

Andranno bene dei campanelli, delle zip, delle rotelle, dei ritagli di stoffe (a coste, paillettes, velluto, pizzo, eccetera), dei pezzi di cartoncini (lisci e ruvidi), degli interruttori, dei nastri colorati, degli elastici per capelli, e via dicendo. Tutto quello che volete, a patto che ogni oggetto si possa saldare perfettamente sul pannello, di modo che il bambino non possa né staccarlo né ingoiarlo.

Qualora foste a corto di idee, su internet ci sono diverse immagini da cui potrete prendere spunto.

1. **Cesto dei tesori.** Per concludere, ecco un grande classico dei giochi educativi in stile Montessori.

Recuperate un cesto di vimini, paglia o legno, riempitelo di oggetti che, come per il pannello multisensoriale, siano diversi sia per forma, colore, materiale e profumo. Assolutamente da evitare: spilli, punte acuminate, plastica e oggetti di piccole dimensioni che il bambino potrebbe ingoiare. Approvate invece le spugne, i cucchiai di legno, gli oggetti di metallo, le stoffe di varie tipologie, eccetera.

Una volta composto il cesto, proponetelo al bambino che presto afferrerà un oggetto alla volta e, probabilmente, lo scaglierà a terra (non sgridatelo né tentate di fermarlo: così facendo, lui sta già imparando qualcosa). Allo stesso modo, provvederà a scuoterli tutti, osservarli da ogni lato e a infilarseli in bocca: è normale ed è quello lo scopo.

Voi stategli vicino, assicuratevi che svolga l'attività in completa sicurezza ma cercate di non intervenire.

Questo gioco è adatto a bambini dagli 8 – 9 mesi fino ai 18 circa.

Nota bene: Queste attività vanno proposte come giochi e saranno utili solo se il bambino si divertirà a farle! Mai imporle.

Di seguito, ecco alcuni suggerimenti per presentare al meglio i giochi:

- Interrompete l'attività non appena il bambino si mostra poco interessato o invogliato;

- Come vi ho già spiegato, ogni bambino cresce secondo i propri tempi; perciò, qualche attività all'interno del libro potrebbe risultare "prematura" o, al contrario, sarà doveroso posticiparle a seconda delle capacità cognitive e motorie di vostro figlio. Sappiate dunque aumentare e diminuire la difficoltà del gioco-lavoro, affinché il bambino non si annoi per la troppa semplicità e assenza di stimoli né alimenti un sentimento di frustrazione e rabbia qualora gli risulti troppo complicato.
- Scegliete le attività più adatte al carattere di vostro figlio.

Avvertenze sulla sicurezza!

A prescindere da qualunque attività vogliate eseguire, è per me fondamentale raccomandarvi di tenere lontano dalla portata dei bambini giocattoli e oggetti:

- Con parti appuntite e/o taglienti;
- Fragili (ad esempio, di vetro, di ceramica, eccetera);
- Eccessivamente rumorosi o di piccole dimensioni;
- Elettrici;
- Muniti di cordini troppo lunghi che, involontariamente, il bambino potrebbe girarsi al collo.

In nessun caso, lasciare un bambino di questa età incustodito.

Da 1 a 2 anni

Crescere è un vero lavoro!

Col passare dei giorni, delle settimane, dei mesi e degli anni il bambino diventa padrone del mondo che lo circonda, osservando da vicino, facendo vari tentativi, sbagliando e riprovando.

Giocare, fra le altre cose, è il mezzo di sperimentazione e comprensione più potente per i bambini, per questo motivo è così importante.

Avere a che fare con un bambino di 1 – 2 anni, significa essere di fronte a un essere umano in "miniatura" che inizia ad affermare la sua individualità. Gli sentirete pronunciare frequentemente la parola "no", sarà lui a pretendere le vostre coccole, comprenderà la maggior parte delle vostre richieste e, a circa due anni, scorrazzerà per la casa come una saetta, infilandosi dappertutto! Scommetto che rimpiangerete i mesi in cui non era capace a camminare...

Di seguito, ecco alcune attività utili al suo sviluppo fisico e cognitivo:

1. **Dottore e altri ruoli.** Non c'è bambino di questa età che non viva in simbiosi con il suo peluche preferito, inoltre, fra gli 1 e i 2 anni, difficilmente preferirà la compagnia dei coetanei alla vostra, o comunque a quella di un adulto. Ciò accade perché il bambino è rassicurato dalla presenza di un adulto, soprattutto perché sta ancora sperimentando l'apprendimento sociale.

   Appurato ciò, vi consiglio, in pieno stile Montessori, di non obbligarlo a giocare con gli altri bambini al parco né in qualunque altro contesto.

   Quello che potrete fare, invece, è intrattenerlo con giochi di ruolo e/o travestimenti. In questa età, infatti, i bambini si divertono molto a imitare gli adulti che, come vi ho già scritto, sono al centro delle loro attenzioni e della loro vita sociale.

Asseconda sempre le sue richieste (a patto che siano ragionevoli e non rappresentino un pericolo per se stesso o per voi, ovviamente). Tuttavia, con il classico gioco di ruolo del paziente malato in cura dal dottore non fallirete! Anzi, coinvolgendo il suo peluche preferito, magari facendogli "interpretare" il ruolo del paziente, potreste sia stimolare l'empatia del bambino (incoraggiandolo a consolare il "paziente" dopo la puntura, ad esempio) sia insegnargli che essere visitati dal dottore non deve far paura.

1. **Mani in... pasta.** Durante questa fase di crescita, sono fondamentali i giochi di manipolazione. Con l'aiuto della torretta Montessori potrete adagiare comodamente il bambino verso il tavolo della cucina per farlo "pasticciare" con un panetto di acqua e farina, o con della pasta di sale (su internet troverete numerose e semplici ricette per comporla) o, magari, della plastilina.

Profumi avvolgenti, consistenze diverse, trasformazioni della materia e mobilità delle mani saranno fonte di enorme stimolo per il bambino.

1. **Appaiare i calzini.** Fra i 12 e i 24 mesi è possibile allenare la logica del bambino con dei semplici... calzini! Prendetene un po' dal cassetto, ma abbiate cura di selezionare colori differenti, alcune a tinta unita, altre con fantasie, poi mescolatele tutte insieme alla rinfusa e, facendovi aiutare dal piccolo, ricomponete le coppie.
2. **Lettura.** Quando vorrete calmare vostro figlio, leggetegli una fiaba: a questa età amano guardare le illustrazioni, indicare le figure e sentire la voce di un genitore che gli racconta una storia, ancor più se può accovacciarsi fra le sue braccia (vi ricordo che sono molto affettuosi fra gli 1 e i 2 anni!).

Inconsciamente, tra l'altro, lui assorbirà il suono di nuove parole della lingua italiana, arricchendo, a poco a poco, il suo vocabolario piuttosto striminzito.

Ciononostante, andranno bene anche i libri tattili (soprattutto durante il primo anno): esattamente come la cesta dei tesori e il pannello multisensoriale, il bambino sarà rapito dalla presenza di tutti quei materiali, colori e forme diverse. Ne vorrà sapere di più... dovrà toccare, dovrà osservare, dovrà sperimentare!

1. **Caccia al tesoro.** Per migliorare le nuove abilità fisiche acquisite dal bambino (camminare e correre in autonomia); incoraggiare l'associazione fra parola e oggetto (spesso nominerà qualcosa, indicandola), farlo divertire e al contempo stancare e, non di meno, gratificarlo per i suoi successi (costruendogli le basi della propria autostima), la caccia al tesoro è l'attività ideale.

Sparpagliate oggetti sicuri, leggeri e, soprattutto, a lui noti, in una stanza (evitate di estendere troppo l'aerea di gioco, altrimenti potreste perdere di vista il bambino) e provate a dirgli: "Dov'è l'orsacchiotto?" Vedrete vostro figlio sorridere, riflettere, esitare: sta associando la parola all'oggetto.

Incoraggiatelo a cercare: abbiate fiducia in lui e nelle sue capacità. E non dimenticatevi di accarezzarlo e fargli i complimenti quando raggiunge l'obiettivo.

1. **Abbina le forme geometriche.** Superati i 12 mesi di vita, è sia possibile sia consigliato stimolare la logica del bambino. Per farlo, non occorrono necessariamente giochi costosi, ma vi basterà ritagliare le sagome di 5 o più forme geometriche (cerchio, rettangolo, quadrato, triangolo, esagono, e via dicendo, a vostra discrezione).

Preparate almeno 4 copie della stessa figura geometrica, dopodiché, disponete sul tavolo una sagoma del cerchio, una del rettangolo, una del quadrato, una del triangolo, una dell'esagono, eccetera... A questo punto, consegnate al bambino i ritagli rimanenti e lasciate che s'ingegni per abbinare le sagome correttamente.

Inizialmente, qualche associazione la sbaglierà: è normale, ma attraverso la pratica costante otterrà significativi risultati anche in materia di logica.

1. **Meccanismo degli oggetti.** Al fine di soddisfare sia la sua voglia di indipendenza (se non è con voi, vorrà stare da solo) sia la sua curiosità in merito agli oggetti, al loro funzionamento e alle loro caratteristiche, può essere una buona soluzione far giocare il bambino con le macchinine, ad esempio, o con un timer da cucina. Nell'arco di pochi minuti vedrete vostro figlio assorto nei pensieri, catturato alla vista di quelle ruote che girano, permettendo alla vettura in miniatura di avanzare sul pavimento; o nell'udire quel ticchettio di sottofondo, mentre la lancetta avanza in senso antiorario per poi emettere un trillo acuto raggiunto lo 0.

Ripeterà queste azioni da capo, fino a che gliene darete tempo e occasione: vorrà saperne di più... vorrà scoprire i segreti che si celano dietro ogni oggetto della casa!

Durante questa attività, state sempre accanto al bambino, altrimenti potreste non accorgervi se si sta accingendo a inghiottire qualche pezzo dell'oggetto esaminato.

1. **Collana di pasta.** Avete presente le penne all'arrabbiata, condite con ragù, al pesto o con panna, salmone e prezzemolo? Benissimo, allora apritene una confezione, acciuffatene una generosa manciata dal sacchetto e adagiatele sul tavolo. A questo punto, recuperate uno spago abbastanza lungo (o di altro materiale, purché non sia né troppo fine né troppo spesso da ostacolare l'attività formativa del bambino, causando la sua frustrazione e rabbia) e mostrate a vostro figlio come infilarlo dentro il buco della penna. A una a una, ne ricaverete una magnifica collana e, senza troppi sforzi, lui vorrà imitarvi.

Questa attività, per quanto banale, permette di allenare la motricità fine, ovvero esercitare il controllo motorio su tutti quei piccoli movimenti delle dita, delle mani, della lingua, della bocca, dei muscoli facciali e via dicendo che, da adulti, eseguiamo senza pensarci, in automatico (ad esempio, afferrare un bicchiere esercitando la giusta pressione delle dita, scrivere con la biro, bere dalla bottiglia senza sbrodolarsi, eccetera. Nei capitoli a seguire, approfondiremo meglio l'argomento).

Mi raccomando! Conservate i loro primi lavoretti "artistici": fra molti anni, saranno dei ricordi preziosi.

1. **Scarabocchi.** Dopo 12 mesi circa, il bambino andrà alla ricerca dei colori e della creatività. A meno che non vogliate vedere le pareti di casa "affrescate" da confusi tratti di inchiostro o di pennarello, vi suggerisco di procurarvi un album da disegno, con molti fogli bianchi.

Ritagliatevi del tempo per farlo disegnare, o meglio... scarabocchiare! Tutti i bambini iniziano a esprimersi su carta con solchi, rigidi tratti a zigzag, spirali e cerchi, tuttavia, abbinando la praticità alla crescita, presto sarà capace di mettersi alla prova con sagome e compiti più elaborati (vedremo qualche esempio di attività/esercizio nel capitolo dedicato alle fasce di età idonee).

1. **Abbina i colori.** Sulla falsa riga di "abbina le forme geometriche", c'è questo gioco-lavoro sui colori.

A questa età, il bambino saprà distinguere e raggruppare gli oggetti sia per forma sia per colore. Pertanto, vi invito a raggruppare oggetti diversi, che potrete facilmente trovare in casa, ma che rispettino una semplice regola: devono avere in comune lo stesso colore. Ad esempio, per rappresentare il giallo, potreste prendere una papera di gomma, la foto di un sole, un evidenziatore, una banana, un costume da bagno, il petalo di un fiore, e via dicendo. Seguendo lo stesso principio, raggruppate altri oggetti che rappresentino il colore blu, il verde, il rosso, il nero, eccetera, a vostra discrezione.

A questo punto, sparpagliate tutti gli oggetti sul piano da lavoro (sul tavolo o sul tappeto) e chiedete a vostro figlio: "Dov'è il colore giallo?", lui ve lo indicherà, poi lo interrogherete su un altro colore e via di seguito. A mano a mano che il bambino prenderà confidenza con questa attività, chiedetegli di raggruppare gli oggetti per colore.

1. **Puzzle di emozioni.** Fra i giochi Montessori più adatti a bambini fra gli 1 e i 4 anni c'è questo, che incoraggia i più piccoli all'analisi e all'empatia.

Prendete un foglio di carta e abbozzate l'espressione di occhi, sopracciglia e bocca di una persona che manifesta uno stato d'animo preciso (paura, spavento, rabbia, stupore, felicità, eccetera). Realizzate due copie per espressione.

Se non siete bravi a disegnare, non preoccupatevi: cercate su internet "espressione di rabbia", ad esempio, stampate due copie della medesima immagine e conservatene una intera, mentre l'altra la taglierete in due, sul senso orizzontale (per cui, porzione superiore e porzione inferiore del volto saranno divisi).

Eseguite la medesima azione anche qualora aveste scelto di disegnare.

A questo punto, annotate sul foglio intero l'espressione a cui fa riferimento l'immagine: "felicità", "paura", e via dicendo.

Mischiate il tutto e sparpagliate solo i fogli divisi a metà sul piano da lavoro. Pescate una carta dal mazzo di fogli integri e fatelo esaminare a vostro figlio che, guardandosi intorno, dovrà provare a ricomporre questo semplice puzzle a due pezzi, abbinando lo sguardo corretto alla bocca corretta, riproducendo quindi la giusta espressione.

1. **Salvadanaio e scolapasta.** Per continuare a esercitare la motricità fine del bambino, di modo che, quando si imbatterà negli esercizi di pregrafismo sia il più preparato possibile, potrete anche proporgli

queste attività: prendere un salvadanaio con fondo apribile e fargli inserire le monete all'interno della sottile fessura; in alternativa, o in aggiunta, è anche utile rovesciare a testa in giù uno scolapasta e fargli infilare, senza romperli, quanti più spaghetti possibili all'interno dei piccoli fori (assicuratevi che lo spessore della pasta sia adeguato allo scopo).

2. **Ovetti Kinder.** Le uova sono alimenti che i bambini devono imparare a conoscere, proprio come la frutta e la verdura. Per far familiarizzare vostro figlio con questo alimento, sperando che lo invogli anche a mangialo più sovente, racimolate qualche ovetto Kinder Sorpresa, poi mettete da parte sia il cioccolato sia il giocattolo custodito all'interno. Dopodiché, affidate al bambino solo la riproduzione in plastica dell'uovo e lasciate che sperimenti il meccanismo di apertura/chiusura che, inevitabilmente, irrobustirà le sue dita e la sua presa dopo ogni sforzo.

Mai lasciare incustodito il bambino durante questa attività!

1. **Stendere il bucato.** Forse, considerata la fascia di età del bambino, potrà sembrarvi una follia, tuttavia, provate ad allestire un telaio-stendino su misura di vostro figlio e fornitegli anche delle mollette colorate... vi assicuro che non crederete ai vostri occhi: assisterete alla più meticolosa stesa di bucato del mondo.

Provare per credere!

Questa attività contribuirà a far maturare nel bambino il suo senso di organizzazione e gestione dello spazio.

1. **Travasi.** Un classico gioco montessoriano è il travaso, consigliato per bambini di almeno due anni di età. Per riprodurre questo esercizio ci sono moltissimi metodi e altrettante variabili, tuttavia, ecco un esempio facile da fare: disponete sul piano da lavoro due ciotole, una piena di farina (andranno benissimo anche i legumi, la pastina, il caffè, lo zucchero, il sale, eccetera) e l'altra vuota. Il gioco-lavoro consiste

nel far travasare l'intero contenuto della ciotola nell'altro contenitore, aiutandosi solo con un cucchiaio.

Le abilità che si allenano sono: la precisione (il bambino avrà massimizzato l'insegnamento quando non rovescerà più nulla sul piano di lavoro), la coordinazione mano-occhio, la velocità dei movimenti senza che però ne risenta l'accuratezza, la rotazione meccanica e ripetuta del polso e il controllo della giusta pressione delle dita, e della presa stessa, sul manico del cucchiaio.

Inoltre, aiutando il bambino a eseguire il movimento del travaso da sinistra a destra (al contrario per i mancini), lo agevolerete nelle future abilità di scrittura.

1. **A ritmo di tamburo!** Per i bambini la musica è un toccasana, ormai lo avete capito. D'altronde, per chi non lo è?

Rispettando le linee guide Montessori, che individuano proprio nella musica una compagna di viaggio necessaria per lo sviluppo cognitivo di ogni bambino, vi introduco questa attività: sedetevi a terra o, possibilmente, su un morbido tappeto in salotto, adagiate vostro figlio sulle gambe (di modo che guadagni qualche centimetro in altezza), dopodiché, avviate un po' di musica di sottofondo e collocate un tamburo (anche uno xilofono andrà bene) davanti a voi. Con o senza bacchette, iniziate a colpire la superficie dello strumento musicale, poi dimostrate al bambino che, colpendo con vigore, si ottiene un suono forte ma, picchiando delicatamente si produce un suono delicato.

Ripetete questa azione più volte, finché il piccolo non sarà incuriosito e vorrà cimentarsi con le sue adorabili manine!

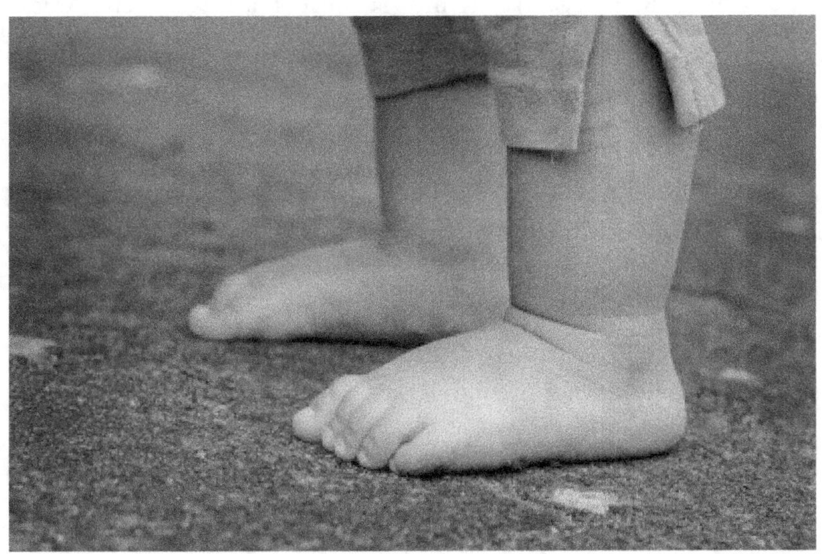

Nota bene: Queste attività vanno proposte come giochi e saranno utili solo se il bambino si divertirà a farle! Mai imporle.

Di seguito, ecco alcuni suggerimenti per presentare al meglio i giochi:

- Interrompete l'attività non appena il bambino si mostra poco interessato o invogliato;
- Se vostro figlio è competitivo, proponete il gioco sottoforma di gara e, possibilmente, mettete un premio simbolico in campo (una medaglia di carta, ad esempio, sarà più che sufficiente)!;
- Come vi ho già spiegato, ogni bambino cresce secondo i propri tempi; perciò, qualche attività all'interno del libro potrebbe risultare "prematura" o, al contrario, sarà doveroso posticiparle a seconda delle capacità cognitive e motorie di vostro figlio. Sappiate dunque aumentare e diminuire la difficoltà del gioco-lavoro, affinché il bambino non si annoi per la troppa semplicità e assenza di stimoli né alimenti un sentimento di frustrazione e rabbia qualora gli risulti troppo complicato.
- Scegliete le attività più adatte al carattere di vostro figlio: alcuni bambini si divertono stando al tavolo a disegnare o a comporre puzzle

per ore, mentre altri hanno la necessità di correre, saltare per mantenersi in costante movimento.

Avvertenze sulla sicurezza!

A prescindere da qualunque attività vogliate eseguire, è per me fondamentale raccomandarvi di tenere lontano dalla portata dei bambini giocattoli e oggetti:

- Con parti appuntite e/o taglienti;
- Fragili (ad esempio, di vetro, di ceramica, eccetera);
- Eccessivamente rumorosi o di piccole dimensioni;
- Elettrici;
- Muniti di cordini troppo lunghi che, involontariamente, il bambino potrebbe girarsi al collo.

<u>In nessun caso, lasciare un bambino di questa età incustodito.</u>

Da 3 a 5 anni

Vostro figlio sta crescendo in fretta, non è vero?

Sembra ieri che cominciava a muovere i primi passi... invece adesso corre, salta, usa le forbici arrotondate per fare i suoi lavoretti artistici, ha un colore preferito e si intrattiene con piacere con i suoi coetanei.

Diamo quindi inizio all'età prescolare, che va mediamente dai 3 ai 6 anni!

In questa tappa della crescita, i bambini sviluppano la motricità fine, scoprono le differenze fra maschi e femmine, imparano a relazionarsi e confrontarsi con gli altri, iniziano a distinguere la sinistra dalla destra e, i più coraggiosi, imparano addirittura ad andare in bicicletta, mentre gli altri si accontentano del triciclo.

Insomma, fra i 3 e i 5 anni, i bambini sono travolti da un quantitativo massiccio di nuove conoscenze che getteranno le basi per gli insegnamenti futuri. Imparare a parlare, prendere piena consapevolezza dei propri movimenti e/o del proprio corpo e relazionarsi adeguatamente con i coetanei sono i "compiti" da raggiungere durante questa fascia di età. Pertanto, vi suggerisco di spegnere i loro tablet, rimpossessarvi dello smartphone e rimandare la visione di quel cartone animato che tanto lo diverte, affinché possa giocare sia in casa sia all'aperto e, soprattutto, stringere nuove conoscenze.

La relazione che si instaura fra bambini è infatti completamente diversa da quella che si stabilisce con gli adulti e/o i genitori. Creando frequenti occasioni di incontro, i bambini impareranno a prendere più iniziative, poiché si stimoleranno a vicenda, si difenderanno, fisseranno dei limiti, troveranno dei punti di accordo e familiarizzeranno con i sacri valori dell'amicizia.

A seguire vi illustrerò delle attività da proporre a bambini fra i 3 e i 5 anni circa. Molte di queste, si potranno svolgere tranquillamente in casa con materiali di uso comune, come una molletta, un rotolo di carta igienica, degli stecchini da gelato, o anche solo con le parole. Tuttavia, spesso dare sfogo alla creatività richiede un po' di preparazione dei materiali, ma converrete con me che anche questo aspetto è parte del gioco! Ritagliare, colorare, piegare, costruire, impilare, e via dicendo, esercita la disciplina, la pazienza, la concentrazione, la determinazione e la fantasia, oltre a mandare un messaggio positivo al bambino che capirà come i giochi si possano inventare e assemblare anche da soli, con le proprie capacità o unendo le forze, e che quindi non è indispensabile dover pagare per ottenere ciò che si desidera!

Non tutto si trova fra gli scaffali di un negozio...

Prima di iniziare però, vorrei ancora approfondire il tema della motricità fine, poiché proprio durante questa fase il bambino sperimenterà e automatizzerà tanti gesti, soprattutto quelli quotidiani.

Sorseggiare dal bicchiere, allacciarsi le scarpe, abbottonarsi la camicia, piuttosto che infilare al primo tentativo il bancomat all'interno della fessura dello sportello automatico sono solo alcuni di questi piccoli gesti che richiedono precisione e coordinazione mano-occhio. Compierli al primo tentativo, come accade in età adulta, è solo il frutto di innumerevoli prove e sforzi fatti durante lo sviluppo.

Ma cosa si intende, precisamente, con il termine "motricità fine"?

Qualche capitolo indietro vi ho scritto che essa è direttamente rapportata e responsabile del controllo motorio di piccoli movimenti che coinvolgono dita delle mani, piedi, lingua, muscoli facciali, e via dicendo. Sì, avete letto bene! Le smorfie e persino le espressioni facciali necessitano di un'ampia sperimentazione prima di poterle riprodurre, permettendoci di comunicare anche senza l'uso della parola.

Se ancora non foste convinti dell'importanza della motricità fine, permettetemi di informarvi che anche l'equilibrio e la stabilità derivano da ciò. Infatti, camminare lungo un sentiero dissestato, arrampicarsi su una parete rocciosa, mantenere l'equilibrio su una tavola in movimento (ad esempio, lo skateboard, la tavola da surf o da snowboard), piuttosto che volteggiare sul ghiaccio con gli appositi pattini, è possibile solo se le esperienze pregresse ci hanno permesso di allenare adeguatamente sia i muscoli delle caviglie sia quelli dei piedi. Perciò, è fondamentale che i bambini si dedichino agli esercizi di motricità fine fin dai primi anni di vita, di modo che possano interiorizzare e automatizzare il controllo motorio con lo scopo di attingere a questa capacità in qualsiasi ambito e in qualsiasi momento.

La motricità fine, inoltre, influisce positivamente anche sullo sviluppo psicofisico generale del bambino, il quale, applicandosi a questa abilità, potrà:

- Migliorare la gestione di se stesso e dei propri spazi;
- Accrescere la concentrazione e la determinazione;
- Sviluppare una sana autostima e sicurezza in se stesso;
- Potenziare la capacità di problem-solving.

Le attività che potrete proporre a vostro figlio per fargli sviluppare la motricità fine sono innumerevoli, tuttavia, il segreto è nella ripetizione dei movimenti. Per cui, concentratevi su pochi esercizi e insistete su quelli finché il bambino non avrà imparato a eseguirli alla perfezione, dopodiché, passate oltre.

Attenzione!

L'utilizzo smisurato della moderna tecnologia touch screen può causare un rallentamento dell'apprendimento, soprattutto per quanto riguarda la motricità fine.

<u>Ove possibile, ridurre al minimo l'utilizzo della tecnologia.</u> In sostituzione, in pieno stile Montessori, vi ricordo di abituare vostro figlio al contatto con la natura e alla cura degli animali.

Inoltre, forbici, strumenti musicali, libri, pastelli e matite colorate, sono i migliori amici sia di una corretta preparazione prescolare sia di un'eccellente sviluppo cognitivo e motorio.

Dunque, ecco a voi le migliori attività di gioco-lavoro per i bambini dai 3 ai 5 anni (all'interno della lista, troverete anche validi esercizi di motricità fine!):

1. **Fare le trecce.** Che sia alle bambole e/o alle coetanee e/o alla madre, è indifferente, purché si esegua.

In prima elementare, l'aver ottimizzato la capacità di muovere agilmente le dita delle mani, permetterà al bambino di impugnare la matita o la biro per tracciare numeri e lettere sul quaderno, senza compiere troppi sforzi.

1. **L'arte del taglio.** A questa età, i bambini amano tagliare la carta con le loro forbicine dalla punta arrotondata! Quindi perché non approfittarne? Disegnate le sagome stilizzate di qualche animale (ad esempio una farfalla, una giraffa, una rana, un uccello, eccetera), oppure, se preferite, di qualche oggetto (ad esempio una valigia, un leccalecca, un vaso, eccetera) e chiedete a vostro figlio di ritagliare le figure stando più vicini possibili ai bordi.

Vedrete che concentrazione! E qualche volta... sì, farà capolino anche la punta della lingua dagli angoli della bocca.

1. **Puzzle.** L'ideale per stimolare lo sviluppo cognitivo di un bambino fra i 3 e i 5 anni è sottoporlo al classico gioco del puzzle (senza esagerare con la difficolta! Prediligere tessere di taglio medio-grosso).

Vedere le immagini frammentate e ragionare sull'intero è molto utile ai più piccoli. Inoltre, migliora la loro memoria a breve termine, in quanto sono obbligati a ricordare i pezzi da incastrare e li sprona a lavorare per obiettivi.

1. **Compiti di vita quotidiana.** Incoraggiare e coinvolgere vostro figlio nelle faccende domestiche o nella normale routine familiare è di assoluta importanza per incentivare lo sviluppo e il consolidamento della sua autonomia.

Mostrategli come lavarsi le mani, apparecchiare e sparecchiare il tavolo, lavarsi i denti, pettinarsi, riordinare i giochi che ha utilizzato, rifare il letto la mattina, e via dicendo.

Coinvolgeteli, date un buon esempio e affidategli qualche piccola "responsabilità".

1. **Usare il coltello.** Come Maria Montessori insegna, il bambino deve essere autonomo, per cui, sarebbe un errore se lo abituassimo, oltre il periodo necessario, a gesti comuni come tagliargli la carne nel piatto, la pizza e via dicendo. Arriverà il giorno in cui il bambino dovrà saper maneggiare in autonomia il coltello, quindi perché non iniziare a farlo ora, in completa sicurezza e sotto la vostra supervisione? Per prima cosa, questo esercizio di vita pratica dev'essere eseguito quando il bambino è calmo, attento e concentrato (evitare assolutamente stati d'animo contrari, poiché potrebbe farsi, e/o farci, male con la lama!). Seconda cosa, predisponete l'ambiente di lavoro con un tagliere pulito e alimenti che non siano troppo duri da tagliare (ad esempio, andranno bene le uova sode, le banane, la verdura cotta e via dicendo).

Voi rimanete sempre al suo fianco e assicuratevi che segua le vostre precise indicazioni.

1. **Sostituire i colori con il cibo!** La cucina è una delle stanze più stimolanti della casa. Al suo interno, gli occhi fantasiosi dei bambini possono individuare centinaia di oggetti con i quali giocare e divertirsi e, in tutta onestà, la loro vista non li inganna.

In questa attività, ad esempio, l'occorrente necessario è solo un cartoncino spesso (non lucido), un pennarello nero, un po' di colla bianca liquida e degli alimenti a piacere (ceci, fagioli, riso, pasta, piselli, eccetera) a seconda di ciò che si vuole rappresentare e, soprattutto, delle disponibilità del frigorifero e della dispensa.

Per cominciare, dovrete impugnare il pennarello nero e disegnare sul cartoncino un ambiente o una figura (ad esempio, potrebbe essere interessante abbozzare una fattoria, inserendo elementi grafici come un contadino, qualche animale e pianta, un fienile, un paio di nuvole nel cielo, eccetera). Disegnate ciò che volete, prediligendo i gusti del bambino (anche un personaggio del suo cartone animato preferito può essere una splendida idea!) e facendo attenzione a non delineare dettagli troppo piccoli che complicheranno inutilmente i procedimenti successivi.

Più il disegno sarà grande, più il bambino sarà occupato a giocare sotto la vostra supervisione.

A questo punto, scegliete il materiale che vostro figlio potrà incollare sul disegno per "colorarlo": più varietà di alimenti ci saranno più lui potrà sbizzarrirsi! Ad esempio, i chicchi di riso potranno riempire le aree bianche come le nuvole, i piselli secchi potranno essere incollati per realizzare le fronde degli alberi, il giallo della polenta potrebbe riempire la sagoma del sole, piuttosto che una manciata di ceci potrebbe dare vita al fienile.

Sistemate con ordine la postazione del gioco-lavoro, mostrate al bambino come spalmare la colla sul cartoncino e come applicarvi il materiale sopra, dopodiché, lasciatelo libero di esprimersi.

Questa attività è perfetta per sviluppare le abilità di motricità fine, in particolare, la "presa a pinza" che servirà per impugnare le biro.

1. **Mollette "coccodrillo".** Stando a fianco di un bambino, anche gli adulti si riabituano a giocare di fantasia... quindi chi può dire che una semplice molletta non possa trasformarsi in un feroce e affamato coccodrillo?

Tutto ciò che vi occorre sono delle mollette (possibilmente alcune rigide e altre meno), delle biglie, delle sagome di carta e della pasta.

Fate immaginare a vostro figlio che il tappeto del salotto o quello della sua cameretta sia una laguna e che il "coccodrillo" che la abita voglia parlare, nutrirsi e afferrare oggetti con la bocca. Sarà quindi obbligato ad aprire e chiudere le sue spaventose "fauci"!

Mostrate al bambino come fare ad afferrare gli oggetti disseminati sul tappeto con il solo utilizzo della molletta (in sua presenza, cercate di non uscire dal personaggio: è un coccodrillo!), poi consegnategli gli strumenti e lasciate che provi a sua volta. Probabilmente, adoperando le mollette più dure dovrà usare entrambe le mani per far sì che si aprano.

Lo scopo di questa attività è sviluppare la muscolatura della mano: la pressione che eserciterà sulle mollette, infatti, varierà a seconda della forma, dello spessore e del materiale dell'oggetto da "catturare" nelle fauci, oltre che in base alla molletta stessa. Più tipologie di oggetti riuscirai a sparpagliare sul tappeto, più il gioco sarà utile ed entusiasmante!

1. **Moka.** Intorno ai 5 anni di età, insegnate al bambino come preparare il caffè con la moka (ovviamente, non dovrà avvicinarsi ai fornelli né accendere il fuoco!).

Il suo compito sarà quello di dosare l'acqua, travasare la polvere di caffè, schiacciarla con la pancia del cucchiaino e avvitare la caffettiera. Così facendo, ripetendo il gesto con una certa frequenza, perfezionerà diversi piccoli movimenti della motricità fine.

1. **A colpi di martello.** Un altro metodo efficace per far sviluppare la motricità fine del bambino è... a colpi di martello! So che può sembrare ridicolo, ma non è affatto così. Colpire un oggetto di piccole dimensioni con un martello, prevedendo il punto dove cadrà e gestendo la forza del braccio, è un ottimo esercizio per migliorare la precisione e la coordinazione mano-occhio.

Di martelli in plastica, o di altro materiale, per bambini ne esistono a centinaia sul mercato: scegliete quello che più vi aggrada e... lasciate che il bambino si "sfoghi", colpo dopo colpo.

1. **Grattacelo di monete.** Raggruppate quante più monete possibili, anche di diametri differenti se volete aumentare la difficoltà. Dopodiché, sgombrate l'area di lavoro e mostrate a vostro figlio come

impilarle a una a una, con delicatezza. Poi, simulate un errore affinché assista anche alla caduta della pila e ne inizi a comprendere il meccanismo/rischio.

Ora tocca a lui! Lasciate che costruisca il grattacielo più alto e "tintinnante" del mondo.

1. **Alfabeto tattile Montessori.** Con questo gioco, a cominciare dai 3 anni di età, potrete stimolare sia la capacità cognitiva del bambino sia quella percettiva del tatto.

In sostanza, si tratta di un tabellone sulla cui superficie sono attaccate tutte le lettere dell'alfabeto (diverse per colore e materiale, affinché il bambino possa imparare a distinguerle fra loro).

Il prodotto è acquistabile presso i rivenditori autorizzati o nelle piattaforme di e-commerce più note. Tuttavia, qualora vi sentiate ispirati, potete provvedere voi stessi a realizzare un pannello su cui disporre l'alfabeto tattile Montessori.

1. **Riassunto.** La lettura è il passatempo più salutare che la mente conosca e, proprio per questo, non andrebbe mai trascurata. Tutt'al più, fate in modo che vostro figlio si appassioni: portatelo in libreria, fategli sfogliare le pagine di un libro, fategli annusare il profumo "poetico" dell'inchiostro stampato su carta, fategli osservare le illustrazioni. Insomma, fate qualunque cosa pur di far germogliare in lui l'amore per la lettura! Un giorno, sicuramente, ve ne rallegrerete.

Supponendo che quindi non abbiate perso le buone abitudini e che continuiate a leggere ad alta voce per vostro figlio, vi suggerisco di aumentare la difficoltà e, a libro ultimato (ovviamente, quelli per bambini), provate a chiedere un riassunto della storia. Questo esercizio è estremamente utile per migliorare la memoria del bambino, l'ascolto e, soprattutto, la comprensione dei testi.

1. **Telaio Montessori.** Facile da costruire in autonomia, il telaio

Montessori è il gioco più adatto per stimolare le naturali attitudini di un bambino di circa 3 anni di età. Il suo scopo è quello di educare a gesti quotidiani, ad esempio abbottonarsi i pantaloni o la camicia, far scorrere la zip di un giubbotto o di una felpa, fare un fiocco, allacciarsi le scarpe, eccetera.

Per realizzare un telaio Montessori non dovrete fare altro che munirvi di una tavoletta di legno (anche di compensato andrà bene), puntine da disegno (in alternativa, la colla a caldo) e vecchi capi di abbigliamento che soddisfino i requisiti (una camicia con i bottoni, un giubbotto con una zip, dei nastri per i fiocchi, delle scarpe con i lacci e via dicendo).

In men che non si dica, vostro figlio saprà vestirsi da solo!

1. **Shanghai.** Anche noto come "Mikado", questo gioco di origine cinese, nato nei lontani anni '70, offre una buona occasione per incoraggiare la pazienza, la concentrazione, il ragionamento e lo sviluppo della motricità fine del bambino.

Per cominciare, usate la variante con le cannucce o con i cotton fioc, così da agevolare il bambino, poi, quando lui avrà preso confidenza col gioco, aumentate la difficoltà.

1. **Pappagallo.** Alleniamo la memoria e ampliamo il bagaglio lessicale del bambino! Pronunciate tre parole e chiedete a vostro figlio di ripeterle nel medesimo ordine. Se ce la fa, continuate in questo senso aggiungendo al termine di ogni turno una nuova parola (ad esempio, primo turno: pasta, uova e tacchino/ secondo turno: pasta, uova, tacchino e marmellata/ a seguire) mentre, appena commetterà un errore, fermate la sequenza e invertite i ruoli.

Scegliete se assegnare un tema specifico durante i turni di gioco (ovvero, pronunciare solo nomi di cibo, animali, marche famose, frutta, e via dicendo).

1. **Prime scelte.** Giorno per giorno, offrite al bambino la possibilità di assumersi delle piccole, ma simboliche, "responsabilità". Ad esempio, potreste disporgli sul letto una serie di indumenti e soluzioni già preselezionati da voi, dando comunque a lui l'ultima parola su cosa indossare fra quelle scelte. Durante la merenda, potreste comportarvi allo stesso modo. E perché non farlo anche durante lo shopping?

Così facendo, il bambino sperimenterà i propri gusti, alla ricerca della propria identità e sarà gratificato di poter scegliere in autonomia.

Ricordiamoci che uno dei principi fondamentali del Metodo Montessori è l'educazione all'indipendenza!

1. **"Bracciale della destra" e "bracciale della sinistra".** Intorno ai 5 anni di età, è bene cominciare a inculcare nel bambino alcuni concetti basilari come l'alto e il basso, la destra e la sinistra, vicino e lontano, davanti e dietro, eccetera, poiché è ciò che li attenderà nei primi mesi della scuola elementare.

Familiarizzare in anticipo con l'orientamento nello spazio, agevolerà vostro figlio sia nell'imparare a leggere, sia nell'imparare a scrivere correttamente.

A tal proposito, potreste creare insieme il "bracciale della destra", che il bambino indosserà per alcuni giorni, di modo che capisca e "visualizzi" qual è il lato destro; e, viceversa, il "bracciale della sinistra", che il bambino indosserà per alcuni giorni, di modo che capisca e "visualizzi" quel è il lato sinistro.

Rimarrete stupiti di quanto sia efficace questo metodo!

1. **Prendi la mira!** Questo gioco è un perfetto connubio per divertirsi, prendere confidenza con il senso di profondità nello spazio e imparare a calibrare la forza delle braccia.

Insieme al bambino preparate degli anelli di cartone rigido. Armatevi di righello, matita, gomma, un taglierino o delle forbici (per sicurezza, in questo caso, i tagli eseguiteli voi).

Ricavate almeno 24 anelli (12 a testa), i cui diametri del buco hanno ampiezze diverse. Vi consiglio di progettare a matita 8 cerchi con, al loro interno, un buco largo 12 centimetri; 8 cerchi con, al loro interno, un buco largo 10 centimetri; e 8 cerchi con, al loro interno, un buco largo 5 centimetri.

Per ingannare l'attesa, fra un taglio e l'altro, fate colorare la superficie di cartone degli anelli al bambino, a suo piacimento.

Quando avrete ultimato la preparazione, spartite equamente i cerchi fra le due "squadre sfidanti": 4 a testa per ogni dimensione.

A questo punto, rovesciate a testa in giù una sedia e, a turno, lanciate gli anelli: vince chi centrerà più gambe! Attenzione: più il diametro interno dell'anello è piccolo, più il punteggio sale (assegnate voi una scala di valori).

Che vinca il migliore.

1. **Nascondino alternativo.** Per stimolare vostro figlio alla conversazione e alla capacità di analisi, vi suggerisco questa attività.

Per prima cosa, nascondete un oggetto in una stanza qualsiasi della casa, dopodiché, fate sedere vostro figlio che, a differenza del nascondino tradizionale, dovrà svelare la posizione dell'oggetto nascosto facendovi delle domande mirate, ad esempio: "È in questa stanza? È piccolo? È dentro la libreria? È sotto il tappetto?", eccetera.

Le domande dovranno essere formulate in modo che la risposta possa essere solo "sì" o "no", non sarà possibile fornire dettagli aggiuntivi. Così facendo, costringeremo il bambino a ragionare maggiormente.

1. **Capitani di domani.** La nostra vita ha inizio con un nodo... quello che ci fa l'ostetrica in sala parto, appena viene reciso il cordone ombelicale.

Attraverso questo esercizio manuale, che stimola la concentrazione, la pazienza e, soprattutto, le abilità della motricità fine, il bambino potrà sperimentare le infinite possibilità di intreccio di una, o più, corde: un solo strumento per un oceano di possibilità!

Nodo di Bitta (o nodo di galloccia), nodo barcaiolo (o nodo parlato), nodo Savoia (o nodo a otto/nodo d'amore), e chi più ne ha più ne metta. Esistono centinaia di libri in merito e/o tutorial su YouTube per imparare, a passo a passo, la gestualità che permette di realizzarne molti, soprattutto i più conosciuti e usati...

In men che non si dica, vostro figlio saprà fare il nodo alla cravatta meglio di voi!

1. **Travasi (livello 2).** Aumentiamo la difficoltà e, quando il bambino avrà compiuto almeno 3 anni di età, proponetegli questo gioco-lavoro montessoriano, poiché rappresenta un ottimo punto di partenza per cominciare a esercitare l'ormai nota "presa a pinza". Inoltre, lo aiuterà anche a contare!

Sebbene in commercio esista un kit apposito, vi propongo, come sempre, un'alternativa economica e "casereccia".

Il materiale necessario è: almeno un pacco di orsetti di gomma colorati, bicchieri di carta o plastica dello stesso colore degli orsetti (uno per tipo: verde, giallo, arancione, rosso e bianco), una pinzetta (se di uso comune, abbiate la premura di igienizzarla. Alla fine del gioco, vostro figlio vorrà mangiare qualche caramella gommosa!), un dado e delle carte con su scritto i colori (una per tipo).

A questo punto, disponete tutto su un ripiano da lavoro e spiegate a vostro figlio come procedere, è molto intuitivo: dovrà tirare il dado e pescare una carta, ad esempio "3-giallo", quindi impugnerà le pinze, prenderà un orsetto gommoso giallo e lo inserirà nel bicchiere dello stesso colore, finché non arriverà al numero riportato sul dado, in questo caso, 3. E così a seguire.

Quando finirà le carte, mischiatele di nuovo e il divertimento ricomincia!

1. **Memory.** Inutile spiegare di che attività si tratta o che funzione intellettuale accresce, no? Lasciatemi però fare un piccolo appunto: qualora non aveste il gioco in scatola, potrete prendere due strade alternative: la prima, disegnare a mano (magari con l'aiuto di vostro figlio) le coppie di immagini che desiderate disporre sul tavolo (il lato positivo è che potrete personalizzarvelo al 100%!), la seconda, invece, consiste nello scaricare da internet una serie di immagini di vostro gradimento/interesse (due per tipo), ritagliarle ai bordi per ottenere la grandezza di una carta e iniziare a giocare!

Saper individuare la somiglianza e/o la differenza fra le forme è una capacità che, unita alla memoria, aiuterà il bambino a distinguere lettere e numeri per poterli riprodurre.

Vi consiglio di giocare sovente a questo gioco fra i 3 e i 4 anni di vita di vostro figlio: svilupperà importanti competenze senza nemmeno accorgersene!

1. **Memory alternativo.** Un altro modo per sfruttare a vostro vantaggio gli strumenti del memory (sia che abbiate la scatola del gioco originale, sia che abbiate disegnato personalmente ogni carta o sia che abbiate scaricato le coppie di immagini dal web) è mettere in fila alcune carte (scartando i doppioni) rivolte verso il basso, quindi "coperte". A questo punto, il bambino dovrà girarle una per volta e studiarne la forma e cosa rappresenta (concedetegli 3 secondi per ogni figura), quindi la riposizionerà come in fase di partenza, proseguirà con la seconda e via dicendo. Quando avrà concluso il giro, dovrà dirvi la sequenza esatta delle carte (ad esempio: palla, uova, ruota e pinne).

Scegliete voi quante carte utilizzare, ad esempio potrete partire da 4, vedere come reagisce la memoria visiva di vostro figlio e decidere se è il caso di aumentare o ridurre il numero di carte in gioco.

1. **Trova le differenze.** Un'altra classica attività per stimolare la memoria visiva e le capacità di osservazione del bambino è la seguente. Su internet potrete scaricare una miriade di immagini con la parola chiave "trova le differenze da stampare": sbizzarritevi! Con l'occasione, perché poi non fargli colorare le immagini?
2. **Questione di equilibrio e disciplina.** Cuocete un uovo, lasciate che si raffreddi, dopodiché adagiatelo su un cucchiaio e proponete al bambino di camminare da una parte all'altra della stanza con il manico della posata stretto in un pugno: l'obiettivo è non rovesciare a terra l'uovo (quando sarà pronto, perché non fargli salire le scale?).

Questo esercizio migliora la postura, l'equilibrio, la muscolatura delle mani e la concentrazione.

1. **Inventare una storia.** Per nutrire e incoraggiare la fantasia di un bambino, oltre che sviluppare le sue capacità comunicative e di memoria uditiva, questo è il gioco-lavoro ideale.

Quando vostro figlio è calmo e predisposto all'ascolto, cominciate a raccontare una storia, ad esempio: "C'era una volta un'anatra che nuotava..." Dopodiché, chiedetegli di ripetere la frase che avete appena pronunciato e, a sua volta, di aggiungere/inventare un pezzo di storia. È di nuovo il vostro turno!

Proseguite finché riuscite e, soprattutto, finché vi diverte. Poi, a mente fresca, potreste recuperare un quaderno e far disegnare al bambino la storia che avete inventato (così da trasformare la memoria uditiva in visiva).

Fra molti anni, quel quaderno sarà un prezioso ricordo del tempo di qualità che avete trascorso insieme!

1. **Imparare le lettere e/o le forme geometriche.** Usate quante cannucce o stecchini necessari per formare un triangolo, un quadrato, piuttosto che la lettera "A", la "F", eccetera. Componete la figura che desiderate, permettete che il bambino catturi le informazioni visive del soggetto per qualche secondo, poi disfate tutto e chiedetegli di riprodurre la forma che ha appena visto utilizzando, come voi, le cannucce o gli stecchini.

2. **Chi manca all'appello?** Disponi su un ripiano vari oggetti, di diversa forma, dimensione e colore (anche in questo caso, ti suggerisco di partire da quattro elementi, per poi aumentare la quantità progressivamente). Lasciate al bambino almeno 10 secondi per studiare la serie di oggetti esposti, dopodiché, ditegli di chiudere gli occhi (e di non sbirciare!). È tempo di nascondere un oggetto! A questo punto, vostro figlio potrà riaprire gli occhi e scoprire quale elemento manca all'appello!

Questo gioco, come avrete capito, è di supporto alla memoria e alle abilità visive.

1. **Semi.** Sebbene ci siano bambini che, all'età di 5 anni, sanno già affrontare dignitosamente una partita a "Rubamazzetto", ci sono anche altri coetanei che non hanno mai preso in mano un mazzo di carte. Per cui, nel rispetto di tutti, partiamo dalle basi e facciamo familiarizzare vostro figlio con le figure dei semi (picche, quadri, fiori e cuori). Ancora una volta, ci imbattiamo in un efficace esercizio visivo.

Escludete dal gioco le figure del jolly, quindi mescolate il mazzo e proponete al bambino di dividere le carte per seme/segno.

È del tutto normale se confonde qualche sagoma (capita anche agli adulti!): riproverà e ti sorprenderà!

1. **Versi... animali!** "Come fa il gatto? E il cane? La mucca? L'asinello? La rana?"... Questo è uno dei primi passatempi che i bambini sperimentano durante questa cruciale fase di crescita. Incuriositi e

affascinati dal regno animale, presto impareranno a riprodurre i loro versi. Per cui, per assecondare questo sano e normale interesse, approfittate dei minuti di attesa in ascensore, piuttosto che dei brevi spostamenti in macchina, per interrogare vostro figlio su quali versi fanno gli animali (il coccodrillo, per ovvi motivi, non nominatelo!).

Divertendosi, il bambino allenerà la memoria uditiva, una capacità che getta le basi della lettura, della scrittura e della pronuncia.

1. **Lavagna.** Soprattutto le bambine, a cominciare dai 3 anni di età, manifesteranno il desiderio di fare le "maestrine" (coerentemente al fatto che provino ancora a emulare gli adulti). Una buona idea, è quindi procurarsi una lavagna di qualsiasi dimensione e dei gessetti (possibilmente, anche colorati).

La vostra bambina parla in una stanza vuota e "sgrida" qualcuno di invisibile? Non serve allarmarsi: ai suoi occhi, sta discutendo un'importante lezione ai suoi "alunni" (di solito, dei pupazzi o delle bambole).

È questa la magia della fantasia e della genuinità dei bambini.

1. **Birilli.** Giocare ai birilli è utile sotto diversi aspetti: regola la forza, fa acquisire maggiore consapevolezza sul senso di profondità, rafforza la muscolatura della mano, delle dita e delle braccia, migliora la coordinazione mano-occhio e aiuta a concentrarsi. In più, si può alternare il lancio, prima con la mano destra, poi con la sinistra, di modo da allenare entrambi i lati e testare quali di essi sia più sviluppato e preciso.

Qualora non aveste una scatola di birilli veri e propri, delle bottiglie di plastica vuote e una pallina da tennis sostituiranno il materiale egregiamente.

1. **La matematica dei semi.** Per imparare a contare ci vuole metodo, studio e applicazione: perché non cominciare con più spensieratezza,

con un semplice gioco di carte?

Togliete i jolly e le figure, mischiate il mazzo (potete anche farlo fare a vostro figlio) e dividetelo in due parti uguali. A turno, girate una carta a faccia in su: vince il numero più alto!

A 3 anni, difficilmente il bambino saprà riconoscere il numero segnato sui bordi ma, per orientarsi, potrà comunque contare la quantità di semi/disegni stampati sulla carta.

Non abbiate fretta e lasciate che capisca secondo i suoi tempi.

1. **Il mondo "sbagliato".** Disegnate una scena con alcuni elementi/ dettagli mancanti, ad esempio, un gatto senza coda, un viso senza un occhio, una casa senza porta, piuttosto che una macchina senza ruote. Dopodiché mostrate il disegno al bambino e chiedetegli se nota qualcosa di strano. A mano a mano che vi indicherà gli errori, proponetegli di disegnare la soluzione affinché ripristini la normalità delle cose (in questo caso, abbozzerà la coda del gatto, il secondo occhio sul volto, la porta della casa e le ruote dell'automobile).

Ogni giorno è raccomandato per allenare la logica e la memoria visiva!

1. **Lavagna di sabbia.** Concludiamo la lista con uno dei giochi Montessori più rilassanti che ci sia. Recuperate una teglia (o un vassoio di medie dimensioni, purché, in entrambi i casi, i bordi siano bassi) e un pacco di farina (la tipologia è indifferente). Versate all'interno del recipiente la farina e proponetela a vostro figlio come se si trattasse di una lavagna vera e propria. In questo caso, però, i gessetti saranno sostituiti dalle dita del bambino.

Lasciate che lui si rilassi e che abbozzi a proprio piacimento segni, lettere e numeri.

Nota bene: Queste attività vanno proposte come giochi e saranno utili solo se il bambino si divertirà a farle! Mai imporle.

Di seguito, ecco alcuni suggerimenti per presentare al meglio i giochi:

- Interrompete l'attività non appena il bambino si mostra poco interessato o invogliato;
- Se vostro figlio è competitivo, proponete il gioco sottoforma di gara e, possibilmente, mettete un premio simbolico in campo (una medaglia di carta, piuttosto che un cono gelato, ad esempio, sarà più che sufficiente)!;
- Come vi ho già spiegato, ogni bambino cresce secondo i propri tempi; perciò, qualche attività all'interno del libro potrebbe risultare "prematura" o, al contrario, sarà doveroso posticiparle a seconda delle capacità cognitive e motorie di vostro figlio. Sappiate dunque aumentare e diminuire la difficoltà del gioco-lavoro, affinché il bambino non si annoi per la troppa semplicità e assenza di stimoli né alimenti un sentimento di frustrazione e rabbia qualora gli risulti troppo complicato.
- Scegliete le attività più adatte al carattere di vostro figlio: alcuni

bambini si divertono stando al tavolo a disegnare o a comporre puzzle per ore, mentre altri hanno la necessità di correre, saltare per mantenersi in costante movimento.

Avvertenze sulla sicurezza!

A prescindere da qualunque attività vogliate eseguire, è per me fondamentale raccomandarvi di tenere lontano dalla portata dei bambini giocattoli e oggetti:

- Con parti appuntite e/o taglienti;
- Fragili (ad esempio, di vetro, di ceramica, eccetera);
- Eccessivamente rumorosi o di piccole dimensioni;
- Elettrici;
- Muniti di cordini troppo lunghi che, involontariamente, il bambino potrebbe girarsi al collo.

<u>In nessun caso, lasciare un bambino di questa età incustodito.</u>

A 6 anni

Come vi ho già ricordato, ogni bambino è a sé e affronta con i suoi ritmi e le sue capacità le vari fasi della crescita (bagaglio lessicale, peso, altezza, abilità fisiche ed espressive, eccetera). Tuttavia, esistono delle "tappe obbligatorie" a cui qualunque bambino dovrà sottoporsi, indipendentemente dal suo livello di sviluppo personale. In questo caso, ad esempio, la tappa obbligatoria di un bambino di 6 anni coincide con l'ingresso alla scuola dell'obbligo: un ambiente stimolante che, tuttavia, fa "camminare a braccetto" difficoltà e soddisfazioni.

I bambini di questa età stanno vivendo una fase intermedia: non sono più piccolissimi, ma nemmeno dei ragazzini. Il loro corpo sta cambiando (il viso si assottiglia e perde quell'effetto dolce e "paffuto", gli arti si allungano, cadono i primi denti da latte, la vista raggiunge la completa maturazione e aumentano considerevolmente la forza fisica, l'equilibrio e la coordinazione dei movimenti), il carattere assume una forma più definita e hanno maturato molte competenze cognitive (sanno contare fino a 100, conoscono il loro nome e cognome, sanno l'indirizzo di dove abitano e leggono un testo semplice con rapidità e scioltezza).

Secondo gli esperti, i bambini di 6 anni vantano di un linguaggio di oltre 5.000 parole memorizzate. Preparatevi: questa è la fase in cui, nell'udire un termine sconosciuto, vostro figlio vi domanderà il suo significato, assorbendone le informazioni ed estendendo così i suoi orizzonti di comunicazione.

A 6 anni, inoltre, potrebbe risultare complesso e, a tratti, un po' spiacevole, gestire lo sviluppo emotivo del bambino. In questa fase, infatti, esso comincerà a proiettare le sue attenzioni all'esterno del nido familiare (sport, scuola, gruppi di amici, attività ludiche). Pretenderà maggiore indipendenza e sarà eccitato all'idea di stringere nuove conoscenze e vivere esperienze circondato dai suoi coetanei, "lontano" dai genitori. Tuttavia, subirà le conseguenze emotive delle prime responsabilità scolastiche (compiti, scadenze e interrogazioni) e dei primi "litigi" fra amici. Non a caso, è proprio a 6 anni che vostro figlio somatizzerà tale stress lamentando di frequenti mal di testa o crampi alla pancia.

Approfittate di queste occasioni per coccolarlo: ha ancora bisogno di voi! (Attenzione però a non trattarlo come un bambino piccolo o si offenderà).

Eh, sì... avete capito bene: si offenderà. Non è facile gestire un bambino di 6 anni, diciamo che è la fase che più si avvicina al periodo della pubertà: improvvise paure, sbalzi di umore, significativi cambiamenti nel corpo e desiderio di indipendenza.

Il vostro compito, tuttavia, è quello di sorreggerlo nel suo cammino, specie quando inciampa o cade. Attenzione, però, a non risolvere i suoi problemi, piuttosto dategli gli strumenti che lo aiuteranno a rialzarsi in autonomia: coltivate un clima sereno in casa, stimolate l'impegno, trasmettetegli la capacità di vedere l'aspetto positivo anche nelle situazioni più buie e complicate (in sua presenza, mai sminuire i suoi problemi! Ad esempio, è logico che arrivare a stento a fine mese sia un problema più angosciante e serio, se paragonato a una "lite" fra due bambini, ma tuo figlio questo non può saperlo, perché sta vivendo i suoi primi passi fuori dall'accogliente nido familiare, ed è molto vulnerabile).

Insomma, quando vostro figlio soffierà su 6 candeline, comincerete a provare un po' di nostalgia: il vostro ometto, o la vostra principessa, sta diventando grande!

In questa fase, è comunque ancora importante farli giocare, poiché, citando proprio Maria Montessori: "Il gioco è il lavoro di un bambino". Tuttavia, da ora in poi, sarà possibile scontrarsi con due nuove reazioni:

- Saranno loro, il più delle volte, a proporvi un gioco o un'attività;
- La loro identità più marcata fa sì che possano trovare noiose, brutte o "troppo da bambini" alcune vostre idee.

Non resta che incrociare le dita e provarci!

Iniziamo:

1. **Puzzle di famiglia.** Insieme a vostro figlio, selezionate un ritratto di famiglia dal rullino fotografico del cellulare: sicuramente avrete l'imbarazzo della scelta. Quando tutti sarete d'accordo, stampate la fotografia su un foglio A4, incollatela bene su un cartoncino rigido e

tagliate tutto in piccoli pezzi. *Et voilà*: il puzzle è pronto e sarà una gioia "ricucire" un vostro momento felice, immortalato per l'eternità!

2. **Mistery bag.** In pieno stile Montessori, prendete un sacco di juta, o la federa di un cuscino inutilizzata o, se proprio non avete nulla di tutto ciò, andrà bene anche un sacco nero della spazzatura (un po' triste alla vista, ma efficace allo scopo). Al suo interno, stipate degli oggetti di uso comune, ad esempio un pettine o una spazzola, una posata (meglio evitare i coltelli), un peluche, un libro, una bambola, un righello, eccetera. Ogni oggetto contribuirà a suo modo al divertimento e all'apprendimento, purché non si introducano cose taglienti e/o pericolose per il bambino.

Quando il sacco sarà pronto, invitate vostro figlio a infilarci un braccio dentro (voi, intanto, assicuratevi che non sbirci!).

Stimolando la memoria tattile e la logica, il bambino dovrà quindi indovinare l'intero contenuto (sempre che voi vi ricordiate cosa ci avete buttato dentro!).

Preparate la fotocamera: le espressioni facciali che farà vostro figlio saranno impagabili.

1. **Funambolo.** Per far divertire un bambino di 6 anni e, al contempo, migliorare il suo equilibrio, questo gioco è perfetto. Individua la stanza più ampia della casa e attacca un nastro adesivo sul pavimento: più lungo sarà meglio è.

Il nastro rappresenta la corda del funambolo con qualche vantaggio in più... è a terra! Per aggiungere un po' di pepe, che ne dite di proporre al bambino di attraversare la camera saltando su un piede solo sopra la linea retta dello scotch? Oppure, potrebbe percorrere il percorso a occhi chiusi (sarà divertente, alla fine, vedere fin dove si è spinto!) O ancora, perché non appoggiare un uovo o una pallina su un cucchiaio e far camminare il bambino con il manico della posata stretto fra le labbra? Sarà difficile per lui mantenere l'equilibrio e seguire la linea tracciata a terra senza inclinare la testa e fare una... frittata!

1. **Proverbi.** "Morto un papa se ne fa un altro" (Nessuno è insostituibile), "Uomo avvisato mezzo salvato" (Essere avvisati di un pericolo, può salvarti dal commettere un errore), "Vivi e lascia vivere" (Bisogna avere un atteggiamento tollerante con se stesso e con il prossimo), "L'erba del vicino è sempre più verde" (La vita, le conquiste e i beni degli altri ci appaiono sempre migliori di ciò che possediamo noi).

Quanti proverbi pronunciate, senza accorgervene, durante l'arco di una giornata? La verità, è che essi sono parte integrante della nostra cultura: sono lo specchio della nostra mentalità.

Prima di quanto pensiate, li sentirete uscire dalle labbra di vostro figlio, poiché lui sta continuando ad assorbire moltissime informazioni dal mondo esterno: ciò che sente, gli rimane impresso e, il più delle volte, lo ripete.

Quindi perché non divertirsi coi proverbi? Stampatene un elenco dei più noti e/o utilizzati e fate ragionare vostro figlio: "Cosa significa il proverbio 'Chi la fa l'aspetti?'"

Questo passatempo è un ottimo modo per trasmettergli dei messaggi, dei concetti e dei valori importanti!

1. **Sillabazione.** Per arricchire il bagaglio lessicale di vostro figlio e, soprattutto, allenare la divisione in sillabe delle parole italiane (se serve, lasciate che batta le mani per scandire le unità), svolgete questa semplice attività: non servono materiali specifici, ma solo l'intelletto, una buona memoria, un po' di concentrazione e, come sempre, tanta pratica. Inoltre, non c'è un limite massimo di giocatori, purché ci siano almeno due partecipanti.

Ecco il regolamento: il primo giocatore pronuncerà la parola "nave" (si dovrebbe cominciare sempre così, ma sentitevi liberi di modificare il regolamento), a questo punto, il turno passa nelle mani dell'avversario che dovrà dire un termine che cominci con le sillabe finali della parola "na**ve**", ad esempio "**ve**spa" e così a seguire. "**Spa**go", "**Go**la" "**La**ma" "**Ma**schera" "**Ra**na", eccetera.

Attenzione a non ripetere parole già dette in precedenza, sia da voi sia da un altro giocatore!

Il gioco termina quando un partecipante si arrende o non ci si diverte più.

1. **Lettera "aspra".** I bambini di 6 anni cominciano ad avere i loro piccoli e inconfessabili "segreti": una caramella mangiata senza permesso, la prima cotta scolastica, una bugia detta a fin di bene a un compagno di scuola o ai genitori... Insomma, niente di cui preoccuparsi, ma perché non espiare questo senso di colpa con un'attività creativa?

Per cominciare, fategli spremere almeno mezzo limone in una ciotola, poi ditegli di aggiungere qualche goccia d'acqua e, infine, chiedetegli di mescolare il composto con un cucchiaino.

A questo punto, porgetegli un foglio bianco e chiedetegli di scrivere (appena saprà farlo) un segreto (un'altra variante potrebbe essere quella di fargli annotare una paura).

Fategli intingere l'estremità di un cotton fioc nel liquido di succo di limone e acqua e date inizio alla "confessione"! (Per scrivere, andranno bene anche degli stuzzicadenti, una penna d'oca o un pennello).

Vedete niente? L'inchiostro è invisibile, tuttavia, forse potreste intravedere qualche lettera in controluce, finché è ancora bagnato... Quindi aspettate che il segreto o la paura si asciughi completamente e, all'apparenza, vi troverete di fronte a un foglio bianco.

Solo a questo punto, potrete dire a vostro figlio di afferrare il foglio e adagiarlo sopra una lampadina accesa e calda (può essere utilizzata anche la fiamma di una candela o i fuochi dei fornelli ma, in quel caso, è meglio che siate voi a maneggiare il foglio e, di conseguenza, a svelare il messaggio nascosto).

Come per magia, in poco tempo, la parola o la frase riapparirà!

1. **Rime.** Procuratevi un po' di fogli bianchi e tagliateli in modo da ricavarne dei rettangoli di circa 10 centimetri per 5 centimetri (ovviamente, fatevi aiutare dal bambino!). Cercate di ottenere almeno 50 carte. Dopodiché, dividete approssimativamente il mazzo e, insieme al vostro magnifico aiutante, scrivete su ogni ritaglio di carta una parola che vi piaccia o che, semplicemente, vi venga in mente (se vostro figlio non sa ancora scrivere, nessun problema: a questo passaggio ci penserete voi).

Con la scelta delle parole, cercate di spaziare a più non posso, ad esempio: "altopiano", "malattia", "Liguria", "lago", "videogiochi" e via dicendo. In questo modo, la probabilità che vostro figlio, giocando, possa imparare termini nuovi è molto alta!

Quando la preparazione del materiale sarà conclusa e ogni carta sarà stata compilata a dovere, mischiate il mazzo e disponetelo a testa in giù.

Che il gioco delle rime abbia inizio!

A turno, girate una carta sul tavolo, leggete la parola sovraimpressa e pronunciate un termine che faccia rima con essa. Ricollegandoci agli esempi di prima, potreste dire: "altopiano-alpino"/ "malattia-abbazia"/ "Liguria-anguria"/ "lago-rogo"/ "videogiochi-ciechi".

1. **I giusti abbinamenti.** Raccogliendo il materiale qua e là, un po' scaricando da internet, un po' disegnando a mano libera, un po'

ritagliando dai giornali, un po' scrivendo delle parole mirate e, perché no, un po' stampando qualche foto personale, realizzate delle carte (indicativamente, della dimensione di 10 centimetri per 5 centimetri) da accoppiare fra loro. Ad esempio: l'immagine di un treno - la foto dei binari/ il disegno di una porzione di lasagna - l'annuncio di un frigorifero scontato sul volantino di una grande catena di elettrodomestici/ la fotografia di un passerotto - una card con su scritto "cielo", eccetera.

Pensate alle possibili coppie da abbinare in anticipo, prima di scaricare il materiale, poi preparate l'occorrente con le idee chiare. Dopodiché, mischiate tutto e sparpagliate su un ripiano abbastanza ampio.

A questo punto, chiedete a vostro figlio di appaiare gli elementi che vede secondo una logica.

Questa attività visiva è molto stimolante e permetterà al bambino di sviluppare la capacità di analisi e di classificazione.

Se voleste favorire l'autocorrezione, dietro ogni foglio annotate la risposta giusta. Ad esempio: "treno-binari"/ "lasagna-frigorifero"/"uccello-cielo", eccetera.

1. **Il tavolo della natura.** Questo è forse il gioco-lavoro più bello, educativo e stimolante in linea con il pensiero pedagogico del Metodo Montessori.

L'attività consiste nel collezionare quanti più elementi possibili del mondo naturale.

In una passeggiata fra i boschi, ad esempio, vostro figlio potrebbe raccogliere qualche goccia di resina, oppure prendere una manciata di aghi di pino, cogliere un fiore o una radice esposta, o magari una piuma, un frammento di corteccia, un sasso levigato dal letto del fiume o, chissà, perché non una pelle di lucertola o catturare direttamente un insetto? (Attenzione! Dopo averlo studiato, l'insetto dovrà essere liberato: Maria Montessori ci insegna che gli animali vanno amati e protetti).

E se vi trovaste al mare, invece? Lui potrebbe ampliare la sua magnifica collezione con un pugno di sabbia fine, o delle conchiglie dal guscio cangiante, o magari con ciuffi di viscide alghe.

Il tavolo della natura non impone limiti. (Ovviamente, siate sempre al fianco del bambino durante la ricerca e, prima che raccolga qualcosa, verificate che non sia nocivo per la sua salute).

Per agevolare lo svolgimento di questa attività, vi suggerisco di recuperare una tavola di legno, una lente d'ingrandimento e degli strumenti adeguati a fissare alla superficie del pannello i nuovi "reperti" (di varie dimensioni e consistenze). L'ideale è avere sempre a portata di cassetto: puntine, colla, pinze, nastri, scatoline, fili di diverso spessore, nastro adesivo, eccetera.

Tornati a casa o nel tempo libero, lasciate che il bambino osservi da vicino quello che ha recuperato con le sue mani: sarà entusiasta! Vorrà confrontare il "bottino" con quelli precedenti, vorrà informarsi per approfondire le sue – poche – conoscenze a riguardo (proponetegli di sfogliare un libro a tema, piuttosto che ricorrere immediatamente all'uso di internet), vorrà sommergervi di domande...

Il tavolo della natura si pone come obiettivo principale il contatto del bambino con le altre forme di vita del creato (animali, piante e composti inorganici), con il conseguente rafforzamento dell'amore per esse e della capacità di osservazione, classificazione e organizzazione degli spazi. Non meno importante, questa attività rappresenta un'ottima occasione per trascorrere qualche ora all'aria aperta in luoghi, possibilmente, incontaminati!

1. **Origami.** Anche noti come "arte giapponese di piegare la carta", gli

origami risalgono a epoche lontanissime, basti pensare che una delle prime figure risalga al periodo storico Heian (794-1192). Nonostante ciò, costruire modellini piegando fogli di carta colorati sembra non passare mai di moda!

Dai 6 anni di età in su, il bambino sa padroneggiare discretamente bene la propria manualità, ciò non esclude che ogni abilità possa essere perfezionata in fase di crescita.

Procuratevi qualche foglio di carta (se riuscite ad acquistare quelli specifici per gli origami, logicamente, sarete avvantaggiati. Tuttavia, per cominciare a fare i primi esperimenti e testare l'interesse di vostro figlio, andranno bene anche i classici fogli A4 della stampante), poi guardate insieme al bambino dei tutorial su YouTube, troverete video di ogni tipo per realizzare le gru, i polipi, gli elefanti, le volpi, le farfalle e persino i dinosauri! Col tempo otterrete risultati sorprendenti e saprete ricavare da un foglio di carta animali sbalorditivi. Per cominciare, però, vi suggerisco di ricorrere a figure semplici, come la rana o il cigno, che prevedono pieghe elementari e garantiscono un buon risultato.

È corretto stimolare e ambire al massimo, ma nella vita bisogna riconoscere i propri limiti per poterli superare e le proprie inesperienze per poterle sanare. Date sempre il buon esempio a vostro figlio e procedete per gradi: non c'è bisogno di strafare o causerete lo sconforto del bambino.

Eseguire origami contribuisce al miglioramento della precisione manuale, del confronto e dell'attenzione.

Infine, come potrete immaginare, in commercio esistono molti manuali sull'argomento che spiegano e illustrano, passo dopo passo, come approcciarsi al meglio a quest'arte. Scegliete il metodo di apprendimento che ritenete più esaustivo (soprattutto per il bambino) e... buone pieghe.

1. **Supereroi moderni.** "È tempo che Superman, Thor, Hulk, Flash, Batman e Iron Man si concedano una meritata vacanza: salvare il mondo da continue minacce e oscuri poteri è decisamente sfiancante! Ma chi mai potrà sostituire questi eroi? Come farà la Terra a sopravvivere senza? Il pericolo è sempre in agguato..."

Fate questa premessa a vostro figlio e create la giusta atmosfera di mistero e magia. Dopodiché, quando avrete conquistato la sua totale attenzione, proponetegli di inventare dei nuovi supereroi che possano intervenire qualora, un malvagio nemico, decidesse di conquistare la Terra proprio durante l'assenza dei noti supereroi di film e fumetti.

Che aspetto avranno i nuovi personaggi? Saranno uomini, donne, animali o creature aliene? Avranno il corpo segnato da inquietanti mutilazioni o saranno completamente sani e di bell'aspetto?

Che colori avranno i loro abiti? Avranno attillate e scomode calzemaglie o lunghi e svolazzanti mantelli?

Che poteri sapranno evocare? Come li hanno ottenuti? Saranno capaci di gestirli?

Raggruppate quanti più fogli e colori possibili: soprattutto i maschietti, adoreranno questo gioco!

Questa attività scatena la gioia, la creatività e la fantasia. D'altronde, chi non vorrebbe avere dei superpoteri?

1. **Pasta di sale.** Utile e versatile, la pasta di sale è un composto facile da preparare, con ingredienti che, con molta probabilità, avete già in casa.

Fate lavorare l'impasto al bambino: è una buona occasione per divertirsi in cucina e manipolare la materia.

In un recipiente, fategli mischiare: 2 bicchieri di sale fino, 4 bicchieri di farina e 2 bicchieri di acqua tiepida (volendo, è possibile aggiungere degli oli essenziali per rendere profumato l'impasto o dei coloranti alimentari per dare un tocco di colore).

Finito! Non servono altri ingredienti: la pasta di sale è davvero super economica e veloce da preparare.

A questo punto, lasciate che il bambino metta letteralmente le "mani in pasta" e modelli l'impasto fino a renderlo omogeneo: dovrà risultare morbido al tatto ma non incollarsi alle dita, un po' come la base della pizza. Dopodiché, il materiale è pronto per essere utilizzato.

Dalla pasta di sale si possono ricavare centinaia di soggetti: animali, cornici, portapenne, cuori, stelle, angeli, gioielli, calamite e via dicendo! Tutto dipenderà dalla fantasia di vostro figlio e dalla sua abilità manuale. Tuttavia, come spesso accade, potrete cercare sul web accurati video-tutorial.

Fra le altre opzioni, vi suggerisco un lavoretto molto semplice ma che vi farà scaldare il cuore: mostrate a vostro figlio come lasciare un'impronta nella pasta di sale, poi dategli una candela e fategliela infilare nella sagoma ancora fresca (più o meno, al centro del palmo).

Ora avete due opzioni: la prima, lasciare asciugare lo stampo all'aria aperta per tutto il tempo necessario (metodo sconsigliato, soprattutto se l'ambiente è troppo umido); la seconda, è cuocere l'impronta in forno (metodo consigliato). In questo caso, abbiate cura di estrarre la candela senza deformare l'incavatura (la rimetterete a cottura ultimata), poi fate asciugare la pasta di sale per almeno 12 ore in un ambiente secco (questo passaggio evita che il calco completamente bagnato si deformi per lo sbalzo di temperatura e consente anche di ridurre i tempi di cottura).

Accendete il forno fra i 75°C e i 110°C, a seconda della dimensione dell'oggetto, quindi: più è grande più la temperatura dovrà essere maggiore, e viceversa (per la nostra "candela impronta" saranno più che sufficienti 75°C). Com'è logico, anche le tempistiche di cottura variano a seconda delle dimensioni del soggetto; pertanto, vi consiglio di rimanere nei paraggi e, di tanto in tanto, controllare.

Appena il calco sarà solido e duro, spegnete il forno e lasciate raffreddare il tutto.

Attenzione! Chi ha detto che il divertimento è finito? Ora è tempo di dipingere le proprie creazioni (il bambino potrà usare, a proprio piacimento, gli acquerelli, gli acrilici o le tempere)!

1. **L'orto in barattolo.** Come Maria Montessori ci insegna: il compito dei genitori è trasmettere ai figli l'amore per la natura. La vita deve essere venerata, in ogni sua forma.

Da dove cominciare, dunque?

Se fra esseri umani, al primo incontro, si crea un contatto con una stretta di mano e una piacevole conversazione, cosa può connettere la natura a un bambino?

Il tavolo della natura è un buon inizio, questo è certo, ma sarà sufficiente collezionare i suoi "pezzi" come trofei? Sarà sufficiente osservarla con la lente d'ingrandimento? No. Per venerare la natura e comprendere il suo fascino bisogna catapultarcisi dentro e permettere a profonde emozioni, come lo stupore, la cura, la preoccupazione, il rispetto, la pazienza e l'orgoglio, di attraversarci.

A cosa mi riferisco? Facciamo parlare i fatti: ve lo dimostreranno due semplici esperimenti che potrete assegnare a vostro figlio quando vorrete!

<u>Primo esperimento botanico</u>: L'unica cosa che occorre al bambino è il seme di un avocado maturo. Recuperato ciò, dovrà sciacquarlo sotto l'acqua corrente (meglio se calda) e, con l'aiuto di un'unghia, spelare la pellicina marrone che avvolge il seme. A questo punto, dovrà recuperare due stuzzicadenti e infilarli a metà altezza, non in corrispondenza del taglio centrale. A questo punto, sarà necessario prendere in prestito un bicchiere, possibilmente allungato come quelli da birra o da bibita. Il bambino dovrà quindi appoggiare gli stuzzicadenti sull'orlo del bicchiere per far entrare la porzione inferiore del seme al suo interno (il quale deve tassativamente essere rivolto con il lato "a punta" all'insù!). Ecco che ora il bicchiere dovrà essere riempito di acqua (ragionevolmente, fin dove possibile) e, il tutto, dovrà essere posizionato in un luogo sicuro e luminoso (ma non direttamente al sole).

Ripassiamo quindi le emozioni che il bambino, e ognuno di noi, dovrebbe provare per dire di amare la natura in pieno stile Montessori. Vediamo se, con questo esperimento, riusciremmo a soddisfarle:

Stupore – Per il bambino sarà impagabile guardare attraverso il bicchiere per documentare le trasformazioni del seme: la crepa centrale che lascia spazio alle prime radici, l'esile fusto che sbuca timidamente dalla cima alla ricerca dei raggi solari, le foglie che crescono, prendono forma e cambiano colore, da un verde brillante a un verde smeraldo.

Cura – L'acqua del bicchiere dovrà essere sostituita una volta ogni 5-7 giorni. Non siate voi a ricordarlo a vostro figlio, lasciate che sia una sua responsabilità: il successo sarà solo suo, se riuscirà a far crescere la pianta, come anche il dispiacere e una presa di consapevolezza, qualora invece fallirà.

Preoccupazione e rispetto – Allo stesso modo in cui il bambino ama, si preoccupa e rispetta i suoi cari e i suoi animali domestici (se li ha), così farà con il seme di avocado. Se una foglia deperirà, mostrando malessere, lui farà in modo di scoprire il motivo e di trovare una soluzione. Forse ha poca acqua? Magari è giunto il momento di interrarla? Oppure è stata esposta troppo a lungo al sole diretto?

Gli esperimenti botanici, soprattutto se eseguiti dai bambini, sviluppano la sensibilità.

Pazienza – Per assistere alle prime trasformazioni del seme, saranno necessarie diverse settimane. La natura obbligherà quindi il bambino ad attendere, a pazientare e a godere di quei ritmi lenti, calmi, antichi... quasi dimenticati. All'opposto della frenesia che governa quest'epoca moderna un po' malsana.

Orgoglio – Alla fine di questo percorso, voi sarete orgogliosi di vostro figlio e lui sarà orgoglioso di aver cresciuto una pianta sana e vigorosa da un "piccolo" seme.

(Con la certezza che vostro figlio raggiungerà questo traguardo, vi avviso che, quando l'apparato radicale della pianta sarà robusto e sviluppato, dovrà provvedere a interrare il seme: su YouTube ci sono molti tutorial che vi spiegheranno come procedere, da qui in poi, nella cura del vostro avocado da appartamento).

<u>Secondo esperimento botanico</u>: Il bambino dovrà prendere in prestito un barattolo, inzuppare della carta da cucina e avvolgerci dentro una manciata di legumi (ad esempio, fagioli, ceci, lenticchie, grano saraceno, soia rossa e soia verde) e/o dei semi (ad esempio di zucchine, pomodori, peperoni e via dicendo). Giorno dopo giorno, il bambino dovrà controllare gli sviluppi: cosa germoglia prima? Quale legume, invece, germoglia per ultimo?

Se il bambino ne ha l'occasione (a seconda dello spazio che c'è in casa o all'esterno di essa), il gioco-lavoro del giardinaggio potrà continuare piantando il ricavato in un vaso o direttamente nel terreno.

Vostro figlio sarà adorabile con l'innaffiatoio stretto fra le dita e gli occhi pieni di stupore!

1. **Flauto di Pan.** Sapete quanti giochi e quante attività possono essere inventate cominciando a adottare l'arte del riciclo?

Ad esempio, ipotizziamo che abbiate appena festeggiato il sesto compleanno di vostro figlio: molti coetanei sono venuti a giocare con lui e tutti hanno apprezzato la torta al cioccolato e le bevande gassate, ma ora vi attende la parte più noiosa... riordinare e ripulire casa!

E se vi dicessi che, in mezzo agli scarti, ci sono i materiali ideali per costruire un gioco divertente, creativo e stimolante per vostro figlio?

Ebbene sì, si tratta delle cannucce (se di diametro grande, ancora meglio)! Raccoglietene almeno 25 e immergetele in acqua e Amuchina per igienizzarle.

È ora di costruire il flauto di Pan perfettamente funzionante!

Serviranno solo le cannucce e qualche strappo di scotch trasparente (solo per un fattore estetico, tuttavia, andrà bene anche quello marrone).

Per prima cosa, suggerite al bambino di stendere sul piano di lavoro almeno 30-35 centimetri di scotch, con la parte adesiva rivolta all'insù. Poi, a una a una, dovrà prendere le cannucce e disporle perpendicolarmente sullo scotch, una attaccata all'altra, esercitando la giusta pressione con le dita per farle sì aderire bene ma senza deformarle e/o romperle (questa è la parte più divertente che, peraltro, migliora la motricità fine). Per concludere l'opera e ottenere il flauto di Pan, il bambino dovrà avvolgere con lo scotch anche il lato superiore, in modo da fissare il tutto e dargli compattezza.

Mmm... c'è ancora qualcosa che non vi convince, vero? Ma certo! Le estremità del flauto di Pan non devono essere allineate (altrimenti, le cannucce come potrebbero riprodurre suoni diversi?), ma tagliate in diagonale. Lascia che sia il bambino a eseguire questo compito, con un paio di forbici a punta tonda.

E ora... buon ascolto.

1. **Dipingere con...le verdure!** Vostro figlio ama disegnare e colorare a tal punto da aver finito gli acquerelli, gli acrilici, le tempere e, misteriosamente, sono scomparsi anche gli astucci con dentro le matite e i pennarelli? Niente panico: vi insegnerò come estrarre i colori dalle verdure!

Non dovrete fare altro che frullare la verdura con l'ausilio di un mixer o, in alternativa, di un mortaio (in entrambi i casi, occupatevi voi di questo passaggio, poiché sarebbe troppo rischioso per il bambino!), in modo da ottenere una consistenza omogenea e, soprattutto, cremosa (perfetta per intingerci dentro un pennello e cominciare a spalmare il colore su carta!).

Logicamente, a seconda del tipo di verdura impiegata, otterrete consistenze diverse, più o meno dense e/o acquose.

Nel caso in cui vi trovaste di fronte a un composto troppo denso, vi basterà aggiungere dell'acqua. Diversamente, qualora il risultato fosse troppo acquoso, avete due possibilità per addensarlo: la prima, disporlo sul fuoco e lasciare evaporare il liquido in eccesso; la seconda, aggiungere al composto un cucchiaio di maizena (anche noto come 'amido di mais') o farina.

Ma quali colori potete ottenere con le verdure?

Verde – Gli spinaci o le foglie di bietola sono l'ideale per ottenere una colorazione verde brillante, ciò è dovuto alla grande quantità di clorofilla in esse contenute. Per ottenere una sfumatura ancora più accesa, frullate la verdura e aggiungete al composto un po' di limone (o di alcool alimentare) e, a seconda delle disponibilità, integrate anche con del prezzemolo, del tè verde o delle foglie di menta fresca.

Giallo – Come farà vostro figlio a dipingere il sole, senza questo colore?

Per ottenere questo pigmento è obbligatorio ricorrere alle spezie caratterizzate da un alto potere colorante, ad esempio lo zenzero o la curcuma. Quindi, in mezzo bicchiere di acqua tiepida, rimestate 2 cucchiaini della spezia selezionata, finché non si sarà sciolta completamente.

Ora occupatevi della verdura, della "sostanza" vera e propria. Per il giallo avete due alternative: pomodori o peperoni, ovviamente gialli! Dopo averli frullati, aggiungete al composto il mezzo bicchiere di acqua e spezia.

Marrone – Forse faticherete a crederci, ma questo colore si estrae facilmente dalla cipolla rossa! Per prima cosa, fatela ammorbidire a fuoco lento, sfumandola con il brodo. Dopodiché, frullatela e, qualora vostro figlio desideri una sfumatura di marrone più intensa e scura, aggiungete al composto del tè nero.

Arancione – Il colore per eccellenza delle carote e delle zucche (disponibili sono nel periodo autunnale)! Queste ultime, come certamente saprete, sono piuttosto fibrose; quindi, sarebbe una buona idea setacciare il composto per eliminare le parti indesiderate.

Rosso, viola e blu – Proprio come le tempere, gli acquerelli, gli acrilici o i colori a olio, mischiare due o più colori insieme, proporzionandoli in modo diverso fra loro, potrà spalancarvi le porte su moltissime sfumature diverse! Sperimentate, giocate e divertitevi in cucina con vostro figlio: questo è l'esperimento perfetto.

Ma ora vediamo come preparare un rosso vivido: serviranno dei pomodori, ai quali dovrete eliminare i semi prima di frullarli (la buccia non darà alcun problema).

Per estrarre un viola intenso e brillante, invece, potrete utilizzate sia il cavolo rosso sia la barbabietola (come per la zucca, sarebbe meglio eliminare le parti fibrose con un setaccio a maglie strette).

Vostra figlia vorrebbe dipingere un unicorno fucsia? Al composto violaceo ottenuto col cavolo rosso, aggiungete qualche goccia di limone... et voilà!

Vostro figlio, invece, vorrebbe un blu intenso per dipingere un cielo stellato? Sempre utilizzando il composto violaceo realizzato col cavolo rosso, integrate un pizzico di bicarbonato... et voilà!

Agli occhi di vostro figlio, queste trasformazioni saranno interpretate come "magiche e inspiegabili": ne rimarrà entusiasta!

Se vi fidate della sua precisione e delle sue abilità manuali, fatevi aiutare durante queste lavorazioni: sotto la vostra attenta supervisione, potrebbe anche tagliare le verdure più morbide.

Durante questa attività creativa, l'obiettivo è anche far capire al bambino quanto siano formidabili le verdure: chissà che non inizi a mangiarle più volentieri!

E ora che tutto il materiale è pronto... il bambino può impugnare il pennello e dare "vita" e colore alla sua fantasia.

1. **Piccoli scienziati crescono: 4 esperimenti.** La scienza è una materia affascinante, capace di sorprendere! Lei conosce tutto, o quasi, di questo mondo e può insegnare complicati concetti e formule matematiche attraverso divertenti giochi per bambini.

A seguire, vi propongo quattro giochi-lavoro per il vostro bambino:

<u>Esperimento n.1</u> – L'uovo che rimbalza.

E se diceste a un bambino che le uova in frigo, le stesse che mangia all'occhio di bue o strapazzate, possono rimbalzare come una pallina, senza rompersi?

Molto probabilmente non vi crederà: d'altronde, gli dite sempre di fare attenzione quando le maneggia perché possono rompersi! Tuttavia, se gliene darete l'occasione, vorrà provare a fare questa "magia".

L'occorrente che gli servirà è: un uovo, un cucchiaio, un recipiente di vetro con coperchio, aceto di vino e un po' di pazienza.

Per prima cosa, il bambino dovrà accompagnare l'uovo sul fondo del recipiente di vetro, aiutandosi con il cucchiaio, così da non rompere il fragile guscio. Dopoché, si riempie il contenitore di aceto di vino, quanto basta per immergere completamente l'uovo (se, in questa fase del procedimento, il vostro uovo galleggia in superficie, significa che è scaduto!). A questo punto, mettete il coperchio al contenitore e lasciate trascorrere almeno 24 ore (sì, sarà difficile contenere l'entusiasmo e la curiosità del bambino fino al giorno dopo...).

Nel frattempo, se notate la comparsa di strani filamenti marroni e un po' di schiuma bianca, non preoccupatevi: è l'aceto che sta agendo.

Al termine delle 24 ore, il bambino potrà estrarre l'uovo dal contenitore (tappatevi il naso: l'odore di aceto sarà fortissimo!), sciacquarlo sotto l'acqua corrente e... farlo rimbalzare, rotolare e saltellare.

A meno che non si giochi con troppa forza, l'uovo non si romperà!

Come mai ciò accade? Per usare parole semplici, l'aceto scioglie il guscio (composto da calcare), tuttavia, lascia intatta la pellicina che lo riveste, la quale non solo gli permette di resistere alle sollecitazione ma fa in modo che l'uovo rimbalzi.

<u>Esperimento n.2</u> – Ossa elastiche e flessibili.

E se invece le ossa della succulenta coscia di pollo al forno con contorno di patatine aromatizzate che vi siete gustati a cena diventassero elastiche e flessibili?

L'occorrente è il medesimo del primo esperimento scientifico, solo che ora l'attenzione si sposterà sulle ossa della coscia di pollo, anziché rimanere sull'uovo.

Anche il procedimento è lo stesso di prima, per cui evito di annoiarvi, ripetendo tutto da capo (per qualunque dubbio, sfogliate la pagina precedente).

Avete notato che le ossa, dopo 24 ore immerse nell'aceto, diventano flessibili? Ciò accade perché l'aceto brucia e consuma i loro sali minerali (i quali conferiscono rigidità e durezza alle ossa) attraverso delle reazioni chimiche.

<u>Esperimento n.3</u> – L'eruzione del vulcano.

E se in casa progettassimo un "vulcano" capace di eruttare? Riuscite a immaginare l'incredulità del bambino?

Per farlo, vi servirà: una bottiglia di plastica, del bicarbonato, della farina, del colorante rosso e dell'aceto.

Per cominciare, bisogna tagliare il collo alla bottiglia di plastica; dopodiché, la posizionate al centro di un tavolo, poi andate a occuparvi della "lava".

In un recipiente mescolate una tazzina di farina e una di bicarbonato, a questo punto, rovesciate il composto nella bottiglia.

Aggiungete anche il colorante rosso e dell'aceto e... che eruzione sia!

Il bicarbonato, a contatto sia con l'aceto sia con la farina, produce anidride carbonica che fa fuoriuscire il liquido, rendendo l'esperimento molto suggestivo (soprattutto se guardato attraverso gli occhi di un bambino).

Attenzione: se riuscite, stendete un telo di plastica sotto il tavolo, altrimenti dovrete ripulire anche le piastrelle dalla "lava"!

<u>Esperimento n.4</u> – Bustina di tè volante.

Volete insegnare a vostro figlio che l'aria calda sale ed è, quindi, più leggera dell'aria stessa? Ecco un esperimento memorabile con cui farlo.

Serviranno: una bustina di tè, un fiammifero (o un accendino), un paio di forbici e un piatto.

Prendete la bustina di tè, tagliate con le forbici la parte superiore e svuotatela completamente. Dopodiché, posizionatela in verticale, adagiando la base al piatto, poi bruciate con la fiamma dell'accendino o del fiammifero entrambi i lati.

La busta di carta è talmente leggera che comincerà a volteggiare nell'aria calda.

Siccome questo esperimento prevede l'utilizzo del fuoco, è meglio che siate voi a maneggiarlo: lasciate che il bambino si goda lo spettacolo.

1. **"E se non fosse come ci è stato raccontato?"** Sulla falsa riga di "Supereroi moderni", troviamo questa fantasiosa attività da fare in compagnia di un bambino di 6 anni o poco più grande.

Il gioco consiste nel modificare le storie dei più noti cartoni animati, così come tutti li conosciamo, ritoccando il finale, la trama, l'ambientazione o i personaggi.

Che accadrebbe se, ne "Il Re Leone", fosse Mufasa il malvagio?

Cosa succederebbe se il bacio che rompe l'incantesimo di Biancaneve sia stato schioccato da Brontolo, anziché dal principe azzurro?

E se la storia di Aladdin fosse ambientata in Italia? Che luoghi visiterebbe volando sopra il tappeto magico?

E se Rapunzel soffrisse di calvizie?

Insomma, fate divertire il bambino a stravolgere le fiabe: è lui il narratore, ora!

1. **"Io lo so".** Mentre gli adulti vorrebbero tornare bambini, i più giovani li imitano e sperano di diventare presto come loro... È un cane che si morde la coda, tuttavia, si può sfruttare anche questa situazione per far maturare il bambino.

Vuole diventare grande? Certo non saremo noi a impedirglielo!

Ma cosa sa, realmente, vostro figlio sul mondo degli adulti?

"Ogni quanto si cambiano le lenzuola del letto?"

"Cos'è una bolletta e come si paga?"

"Come si torna a casa da scuola?"

"Come si cambia la lettiera del gatto?"

"Come si passa l'aspirapolvere sul tappeto?"

"Come si fa una lettera e come fa ad arrivare nella cassetta della posta?"

Fategli delle domande mirate, sottoforma di gioco e, se non risponde "io lo so", significa che ha ancora molto da imparare sul mondo degli adulti (com'è giusto che sia). Ampliare le sue conoscenze in merito lo renderà più sicuro di se stesso e preparato nella vita di tutti i giorni.

1. **Giochi di società.** Fra i giochi da proporre a un bambino dai 6 anni in su troviamo sicuramente i giochi in scatola.

A questa età, infatti, anche i più piccoli sono capaci di concentrarsi per ore, capire le regole, rispettare i turni di gioco e via dicendo.

I giochi di società sono un valido strumento ludico per stimolare l'attenzione, la concentrazione e, soprattutto, la capacità di creare una strategia.

1. **Giochi di descrizione.** Per arricchire il bagaglio lessicale di un bambino, questo gioco è l'ideale.

Munitevi di carta e penna e, a turno, scegliete un oggetto presente nell'ambiente in cui state giocando e assegnategli almeno 3 parole per descriverlo.

Ad esempio, supponiamo che dobbiate analizzare l'oggetto "pentola". Le parole associate potrebbero essere: rotta – grande – fredda.

Alla fine di ogni turno, confrontate le parole che avete scritto e, qualora vostro figlio non conoscesse il significato di qualche termine, spiegateglielo.

1. **"Che cosa stai mangiando/bevendo?".** Abbiamo parlato di molti esercizi che allenano uno, o più, dei cinque sensi (tatto, olfatto, vista, udito e gusto), ma se volessimo potenziare solo il senso del gusto?

Ebbene, tutto ciò che occorre al bambino è una benda sugli occhi e una persona di fiducia con cui giocare a "stuzzicare" le proprie papille gustative!

Assicuratevi che vostro figlio non sbirci, dopodiché, imboccatelo. Lo scopo dell'attività è scoprire cosa si sta mangiando o bevendo (succo di limone, sugo rosso, fetta biscottata, spremuta, olive, uova, eccetera).

1. **"Che rumore è?"** E se invece volessimo far allenare l'udito del bambino? Nessun problema! Vi basterà digitare su YouTube questa frase: "suoni e rumori da indovinare". Dopo aver dato l'invio al comando, vi si aprirà una lista di video in cui verranno riprodotti casualmente i suoni della natura, del traffico, delle campane, i versi degli animali, eccetera.

Affinché l'attività sia costruttiva, il bambino dovrà aver voglia di ascoltare e mettersi in gioco!

Mi raccomando: non suggerite.

1. **Anagrammi.** Quale parola si ottiene anagrammando la parola "roccia"? (Carico).

E anagrammando le parole "I mulini a vento"? (Non umiliarti).

All'età di 6 anni, potrete proporre a vostro figlio attività di questo tipo per tenerlo impegnato a lungo e, al contempo, per stimolare l'intelletto.

Per chi non lo sapesse, l'anagramma consiste nel comporre delle parole esistenti della lingua italiana usando le medesime lettere che compongono la parola di partenza, né una lettera in più né una in meno, proprio come negli esempi sopracitati (roccia – carico/ i mulini a vento – non umiliarti).

Usare dei fogli di carta, una matita e una gomma per cancellare potrà essere di grande aiuto per sperimentare le varie combinazioni senza fare confusione.

1. **Il gioco del silenzio.** E dopo questa lunga sequenza di 90 attività montessoriane per bambini da 0 a 6 anni, ecco il gioco preferito dei genitori: "Fermo e zitto. Se ti muovi o parli hai perso."

Quando ci vuole ci vuole... anche i grandi hanno bisogno di riposare, ogni tanto! Non dovete sentirvi in colpa, dopotutto, state solo applicando il principio fondamentale del Metodo Montessori: la disciplina.

Nota bene: Queste attività vanno proposte come giochi e saranno utili solo se il bambino si divertirà a farle! Mai imporle.

Di seguito, ecco alcuni suggerimenti per presentare al meglio i giochi:

- Interrompete l'attività non appena il bambino si mostra poco interessato o invogliato;
- Se vostro figlio è competitivo, proponete il gioco sottoforma di gara e,

possibilmente, mettete un premio simbolico in campo (una medaglia di carta, piuttosto che un cono gelato, ad esempio, sarà più che sufficiente)!;

- Come vi ho già spiegato, ogni bambino cresce secondo i propri tempi; perciò, qualche attività all'interno del libro potrebbe risultare "prematura" o, al contrario, sarà doveroso posticiparle a seconda delle capacità cognitive e motorie di vostro figlio. Sappiate dunque aumentare e diminuire la difficoltà del gioco-lavoro, affinché il bambino non si annoi per la troppa semplicità e assenza di stimoli né alimenti un sentimento di frustrazione e rabbia qualora gli risulti troppo complicato.
- Scegliete le attività più adatte al carattere di vostro figlio: alcuni bambini si divertono stando al tavolo a disegnare o a comporre puzzle per ore, mentre altri hanno la necessità di correre, saltare per mantenersi in costante movimento.

Avvertenze sulla sicurezza!

A prescindere da qualunque attività vogliate eseguire, è per me fondamentale raccomandarvi di tenere lontano dalla portata dei bambini giocattoli e oggetti:

- Con parti appuntite e/o taglienti;
- Fragili (ad esempio, di vetro, di ceramica, eccetera);
- Eccessivamente rumorosi o di piccole dimensioni;
- Elettrici;
- Muniti di cordini troppo lunghi che, involontariamente, il bambino potrebbe girarsi al collo.

In nessun caso, lasciare un bambino di questa età incustodito.

Conclusione

Cari lettori,

sono onorata e lieta che siate giunti fino a questa pagina.

Insieme abbiamo affrontato un lungo percorso pedagogico, sia teorico sia pratico. Spero abbiate compreso fino in fondo le potenzialità di questo incredibile approccio educativo, quale è il Metodo Montessori.

Ora non vi resta che studiare e applicare ciò che avete imparato fra queste pagine nella vita di tutti i giorni.

In particolare:

- I principi fondamentali del Metodo Montessori;
- Le attività gioco-lavoro per stimolare lo sviluppo cognitivo, fisico e motorio del bambino.

Grazie per aver riposto la fiducia in me e in questo manuale.

Vi auguro che la vostra esperienza da genitori montessoriani dia succosi frutti!

Buona fortuna.

LE RECENSIONI AIUTANO GLI AUTORI

Se siete giunti fino a qui, che ne dite di compiere un ultimo passo?

"Lasciare una recensione in uno store è come dire a un amico che il libro ti è piaciuto"

Accedete ad Amazon con il vostro account, digitate il titolo del libro, cliccate sull'immagine di copertina e lasciate il vostro prezioso parere!

Perché ogni opinione conta e aiuta a crescere e migliorare.

Grazie.

---

[1] Nel caso non lo aveste mai visto, vi invito a prenderne visione, seguendo questo link: https://www.youtube.com/watch?v=8EmasChupbI

Don't miss out!

Visit the website below and you can sign up to receive emails whenever Rossella Caschetto publishes a new book. There's no charge and no obligation.

https://books2read.com/r/B-A-GUJBB-GFXCE

BOOKS2READ

Connecting independent readers to independent writers.

Did you love *Il Metodo Montessori per i Bambini dai 0 ai 6 Anni:*? Then you should read *Guida Allo Svezzamento Basato sul Metodo Montessori*[1] by Rossella Caschetto!

[2]

Benvenuti nel mondo meraviglioso dell'alimentazione infantile, un viaggio ricco di colori, sapori, sorrisi e, soprattutto, amore. Questo non è un semplice libro, ma un compagno di viaggio indispensabile che vi guida passo dopo passo nel meraviglioso mondo dello svezzamento e dell'autosvezzamento, fondendo le tecniche più avanzate del Metodo Montessori. Al fine di questo libro si può dire che vostro Figlio si Svezza da solo.

Scoprirete le infinite possibilità che si aprono con ogni fase dello sviluppo del vostro bambino, offrendo nuove opportunità per l'esplorazione del cibo e l'apprendimento.Vi guideremo attraverso le sfide e i trionfi che incontrerete lungo il cammino, affinché possiate godere di ogni momento con fiducia e serenità.Approfondiremo come l'alimentazione infantile va oltre la semplice nutrizione, diventando un'esperienza sensoriale, un momento di apprendimento e

---

1. https://books2read.com/u/mV2Z66

2. https://books2read.com/u/mV2Z66

una pratica di autonomia. Tutto secondo i principi del Metodo Montessori.Illustreremo come le fasi dello svezzamento e dell'autosvezzamento, pur essendo un momento critico, sono solo l'inizio di un lungo e gratificante viaggio.

Con la "Guida allo Svezzamento e Autosvezzamento", il vostro bambino si svezzerà da solo. Questo libro diventerà la vostra rete di sicurezza, un punto di riferimento per tutte le vostre domande e preoccupazioni. La sua scrittura affettuosa e calda vi farà sentire sostenuti, compresi e apprezzati. Inoltre, la nostra guida vi fornirà accesso a una comunità di genitori e professionisti della salute pronti ad aiutarvi quando ne avete bisogno. Perché ricordate, non siete mai soli in questa meravigliosa avventura.

Incoraggiamo ogni genitore a vedere la bellezza e il valore di questo percorso. Ogni momento, ogni sfida, ogni successo fa parte dell'incantevole avventura dell'essere genitori. Con la nostra guida, godrete di ogni passo lungo la strada.

Non perdete l'opportunità di avere tra le mani un libro che non solo vi guida, ma vi abbraccia. "Guida allo Svezzamento e Autosvezzamento" - il vostro compagno di viaggio nell'affascinante universo dell'alimentazione infantile. Fornite le radici di una vita sana ai vostri bambini e celebrate il volo della loro indipendenza con noi.

Non importa cosa accada, ricordate: siete genitori fantastici, e con questa guida, state facendo un lavoro meraviglioso. Buon viaggio nel meraviglioso mondo dello svezzamento e dell'autosvezzamento!

Also by Rossella Caschetto

Guida al Metodo Montessori
Guida Allo Svezzamento Basato sul Metodo Montessori
Il Metodo Montessori per i Bambini dai 0 ai 6 Anni:

Standalone
Montessori für Eltern: Von 0 bis 6 Jahren. Mit Spielen und praktischen
Übungen zur Stimulierung - Lernen und Persönlichkeitsentwicklung

About the Author

Rossella Caschetto è nata il 13 Giugno 1989 è da sempre ha avuto un'importante passione Artistica e Pedagogica. L'amore per i bambini le ha permesso di maturare un'importante esperienza come mamma.

Dopo avere scoperto Il metodo Montessori, riuscendo a cogliere gli insegnamenti di Maria Montessori, Rossella decide di applicare lo studio nei suoi due amati bambini. Con risultati oltre le aspettative, trasmette con molta dedizione i suoi insegnamenti alle amiche, traendo fin da subito dei feedback che non si aspettava!

Decide dunque di farsi avanti raccogliendo i frutti di tanto studio, mischiarli con l'esperienza di madre e rendendo vita ad una Guida che potesse essere, come lo è stato per lei, un'ispirazione per molte mamme. Il libro, dunque, oltre ad essere stato apprezzato nei livelli conoscitivi e applicativi e stato proposto in numerose scuole, rendendo possibile ancora una volta l'applicazione degli insegnamenti di Maria Montessori.

www.ingramcontent.com/pod-product-compliance
Lightning Source LLC
Chambersburg PA
CBHW071329140726
47996CB00005B/1883